AF277263

ediciones carena

edicionesCarena

JAIME TOMÁS

ESE DÍA ERA MARTES

Primera edición: junio de 2024

© Jaime Tomás, 2024

© Ediciones Carena, 2024

Ediciones Carena
c/Alpens, 31-33
08014 Barcelona
T. 934 310 283
info@edicionescarena.com
WWW.EDICIONESCARENA.COM

Diseño de la cubierta: Ivette Guedella Reyes

Coordinación, revisión y corrección: Jesús Martínez
WWW.REPORTEROJESUS.COM

Depósito legal B 17454-2024

ISBN 978-84-19890-88-7

Impreso en España - Printed in Spain

Reservados todos los derechos. No se puede reproducir ninguna parte de este libro, ni almacenar en cualquier sistema de reproducción, ni transmitir de ninguna forma ni bajo ningún concepto, mecánicamente, enfotocopias, en grabación o de ninguna otra manera, sin el permiso del propietario o propietaria de los derechos de autor. Diríjase a CEDRO (Centro Español de Derechos Reprográficos) si necesita fotocopiar o escanearalgún fragmento de esta obra.

Para Nuria, que me enseñó a ver nubes
donde solo veía dolor.

En medio del invierno, aprendí por fin que había en mí un verano invencible.

ALBERT CAMUS

1

UNA NUBE PINTADA EN LA CARA

EL PLATO HUMEABA sobre el mantel de cuadros. En el exterior la noche era gélida. Apetecía un plato caliente. El olor a caldo es un olor con memoria: huele a abuela, a infancia, a noches de frío y a hogar. Maria del Mar y Nuria estaban contentas porque les encantaba la sopa y en especial la de pistones. Hacía dos semanas que Nuria había cumplido cuatro años, seis días después de la reunificación de Alemania. Mientras comía, entre dos cucharadas levantó la vista; me miró la cicatriz, abrió sus grandes ojos marrones e inclinó la cabeza como si hubiera tenido una gran idea.

—Mi papá tiene una nube pintada en la cara. –Sonrió y siguió comiendo tranquilamente.

Me quedé mirándola. Tardé una fracción de segundo en descifrar lo que había oído y un segundo más en apoyar la cuchara para que no me temblara en la mano. Un calor extraño me subió desde las tripas, como si un volcán apagado quisiera volver a escupir lava, y la figura de mi mujer se desdibujó cuando se me nublaron los ojos a causa de las lágrimas.

—¡Oh! Qué bonito –le oí decir mientras miraba sonriendo a nuestra hija.

Un nudo en la garganta me impedía tragar la sopa. Tuve la sensación de que una lluvia inesperada hacía desbordar las alcantarillas del pasado, donde guardaba los recuerdos que no quería recordar. Nuria continuó con su plato. Mi mirada debía estar teñida de una ternura amarga: luz y sombra, dolor y vida. «Mi papá tiene una nube pintada en la cara.» Así, sin más. Así, sin dar tiempo a preparar la herida.

También hacía frío el día del accidente. Sentí de nuevo la embestida del fuego. Reviví el color rojizo de las llamas que me envolvían. Respirar en una hoguera. Sin saber cómo, la frase de Nuria había despertado mil demonios dormidos que estaba seguro de haber enterrado muy hondo. Volvían batiendo sus sombrías alas negras y podía oír sus carcajadas, agudas como dardos. Y sin que yo pudiera evitarlo, las aguas sucias lo arrastraron todo fuera de la cloaca.

Recordé el pánico: súbito, inesperado, incontrolable. La conciencia de que la muerte me rondaba cerca. Mis once cortos años de vida desfilando frente a mis ojos como instantáneas desdibujadas. El estupor. Al principio no sentía dolor, no entendía qué había pasado. No comprendía que los jirones ennegrecidos que colgaban de mis brazos eran mi propia piel. Luego el mundo se disolvió en un sueño de morfina del que solo recuerdo a mi madre, derrumbándose a la llegada de mi padre. «Parecía un monstruo, parecía un monstruo», lloraba. Y yo quería gritar que no, que no era un monstruo, pero no pude.

Nuria y Mar seguían disfrutando de la sopa. Mi cabeza hervía de recuerdos mientras tenues volutas de vapor seguían danzando sobre el caldo. Seguí comiendo. No podía decir nada porque sabía que si intentaba hablar estallaría en llanto. No quería que mis hijas me vieran llorar. No lo habrían entendido. Acabé la sopa a duras penas. Mi papá tiene una nube pintada en la cara.

Era una frase hermosa. Pura poesía. Me sorprendió la fuerza con la que me hizo rebrotar tantos sentimientos aletargados. Me hizo reflexionar mucho en los días siguientes. Pero aún no estaba preparado. Acabé seducido por la belleza de las palabras y de forma inconsciente olvidé de nuevo los demonios que habían despertado. Volví a adormecerlos en alguna de las oscuras cavernas de mi memoria. Mi papá tiene una nube pintada en la cara. Pensaba, qué bonito. Se me nublaba la vista y me dejaba arrastrar por la melancolía. Nada más. Pero el comentario de Nuria tuvo una gran influencia en mi vida. Fue como una carga de profundidad. No lo comprendí del todo hasta muchos años después, cuando fui capaz de mirar atrás con la serenidad suficiente como para meditar mi vida.

Una vida marcada por el fuego.

2

RÍO ARRIBA

MI FAMILIA SE trasladó a Zaragoza en mil novecientos sesenta y cinco. Las cosas no iban bien en el pueblo. Se estaban cerrando las minas, faltaba trabajo y todo el mundo aseguraba que en la ciudad había más oportunidades. Mi padre se convenció de que si quería un futuro mejor tendría que emigrar. Aparte de las minas solo quedaba trabajar en el campo. El día que nos marchamos de Mequinensa fue un día muy triste. Yo no lo recuerdo, tan solo tenía dos años, pero quedó grabado en mi memoria inconsciente o quizás se grabó después, de tanto oír en casa que mi madre se había pasado todo el viaje a Zaragoza llorando sin descanso. Es curioso cómo, con el tiempo, se confunden en nuestra memoria los recuerdos vividos con los construidos, y así vamos desdibujando nuestro pasado y aproximando lo que hemos vivido a lo que hemos sentido. La cuestión es que el día que subimos a Zaragoza está asociado en mi memoria como un día dramático. Dejar las raíces, la familia, las casas de piedra que callaban tantas antiguas historias, las callejas que se encaramaban hacia el castillo, cada una distinta a la otra. Emigrar a la gran ciudad. Mi madre lo vivió como un día de pérdidas, terrible, y así se impregnó en mi vida.

Subir a Zaragoza, bajar al pueblo. Mis padres nunca decían «iremos al pueblo». Al pueblo se bajaba. Me costó mucho tiempo entenderlo: mis dos años en Mequinensa no habían sido suficientes para empaparme del espíritu del navegante, del capitán de *llaut*, esas barcazas que recorrían el río hasta Tortosa cargadas de lignito y volvían a remontarlo cargadas de novedades. Mequinensa vivía volcada al Ebro: cuando ibas río arriba subías; si ibas río abajo, bajabas. Debía de tener siete u ocho años cuando por fin comprendí el misterio, me sentí muy orgulloso, fue como una conexión con mis orígenes, la iniciación en un código secreto en comunión con mis ancestros. Ya nunca más fui a Zaragoza, desde entonces subía a Zaragoza y los fines de semana y en verano, bajaba al pueblo. Aunque estén ocultas bajo tierra, invisibles a nuestros ojos, es la fuerza de las raíces la que sostiene el árbol.

Mis primeros recuerdos de Zaragoza son difusos. Nos instalamos en un cuarto piso sin ascensor, en la Avenida de San José. La escalera era muy amplia y tenía barandilla de obra hasta arriba. No como en casa de mis abuelos en la calle de las Piedras, donde el último tramo de escalera no tenía barandilla y siempre me daba un poco de miedo. Todas las habitaciones tenían su puerta y había un baño con bañera. En el pueblo no había visto nunca ninguna, me bañaban en un barreño de cinc o en el fregadero. En la nueva casa tampoco había orinales, el retrete estaba en el baño y no hacía falta salir afuera si tenías que levantarte por la noche. Era lo que menos me gustaba en casa del yayo Joaquín en el pueblo, donde el excusado era compartido y estaba entre piso y piso. Para hacer tus necesidades tenías que salir de la casa y bajar un tramo de escaleras, y lo peor era que el retrete consistía en una tabla de madera con un agujero redondo por el que caía todo al corral, dos pisos más abajo. Cuando era pequeño tenía la sensación de que me podía colar por el agujero y caer sobre la porquería, donde seguramente moriría a causa de las fracturas y del asco.

Zaragoza era muy grande y había tranvías. Recorrían las calles con un estruendo metálico y con su trole echando chispas. Desde el balcón de nuestra cocina se veían perfectamente las vías. Mi madre no me dejaba estar allí solo, pero salía con ella cuando iba a tender o a lavar la ropa. Entonces me asomaba para ver pasar los tranvías. Me acodaba en la baranda, con la barbilla apoyada en las manos para que no me rascara el cemento, áspero y frío, y me quedaba allí ensimismado. De tanto en tanto, un operario vestido de gris recorría el largo de la vía con una larga pala acabada en una lengüeta que introducía en el raíl. Caminaba cansinamente empujando la pala frente a él y la lengüeta extraía el barro y la porquería que llenaba la vía, cada cincuenta o sesenta metros vaciaba la pala en el borde de la calle. A veces, cuando teníamos que ir al centro, cogíamos el tranvía. Yo era un niño feliz. Para subir tenía que levantar mucho la pierna porque el escalón era muy alto y mis padres me tenían que ayudar. Me maravillaba entrar en aquellos vagones, con el suelo cubierto de listones de madera sobre el que las mujeres andaban de puntillas para que no se les quedaran clavados los tacones. Más tarde supe que cuando se construyeron los primeros vagones a finales del siglo XIX, los tacones eran anchos y se podía caminar tranquilamente. Luego se pusieron de moda tacones cada vez más estrechos, que acabaron encajando perfectamente en el espacio entre los listones y las mujeres tuvieron que subir al tranvía de puntillas. Esclavitudes de la moda. Siempre que podía me quedaba en la parte delantera, cerca del conductor, que iba de pie y conducía con una manivela, que sonaba con un crac, crac, crac dentado cuando la movía de un lado a otro. Pero lo que me fascinaba era el embudo lleno de gravilla que tenía a sus pies. Mi padre me explicó que era el freno de emergencia: en caso de peligro el conductor accionaba una palanca y la gravilla caía a las vías, las ruedas quedaban trabadas con las piedrecillas y el tranvía se detenía en seco. Sencillo y eficaz. Me parecía un sistema muy ingenioso.

También recuerdo mi primer colegio, en el que me aceptaron con cinco años, uno antes de lo que me tocaba, porque ya sabía leer y escribir. Me había enseñado mi abuelo con un bolígrafo Parker que dejaba clavado en el centro de flores secas que había sobre la mesa del comedor. Cuando yo era pequeño los bolígrafos eran metálicos y a veces se encallaban y no salía la tinta, menos los Parker, que nunca dejaban de funcionar. Los Parker eran los Rolls Royce de los bolígrafos.

El colegio IMI era una institución exótica para el año mil novecientos sesenta y ocho. Las siglas correspondían a Instituto Médico Infantil. Se trataba casi de un centro Montessori, aunque creo que ni ellos mismos se atrevían a clasificarse así, porque en los años sesenta la política educativa no dejaba espacio para demasiadas florituras. Era mixto, algo realmente excepcional para aquella época, y prestaba especial atención a la salud de sus alumnos. Estaba ubicado en una antigua casa señorial de dos plantas, con una valla y un jardincillo frente a la fachada, y una puerta enorme de madera a la que se accedía por una escalinata. En la parte de atrás se abría una extensa parcela en la que había una piscina de cemento, pintada de azul, rodeada de un gran patio de tierra con columpios. La piscina estaba seca. Debía tener medio metro de profundidad y la utilizábamos para saltar, para escondernos y algunos también para abrirse la cabeza cayendo desde arriba. Era la forma en que nos inmunizábamos contra las imprudencias cuando yo era pequeño. En uno de los extremos del edificio había un pequeño y anacrónico claustro. Era muy umbrío. Tenía galerías en dos de sus lados, con arquerías decoradas con figuras mitológicas, y en el centro una fuente de piedra, rodeada de cuatro cipreses que me parecían gigantescos. Los niños teníamos estrictamente prohibido entrar allí. Quizás por eso nos atraía y nos asustaba a partes iguales. Corrían mil historias sobre los duendes y los espíritus que habitaban entre sus columnas. Yo entré una tarde calurosa de junio acompañado de mi amiga Merceditas. Habíamos estado corriendo y la sed nos devoraba. Nos acercamos sudorosos a la valla de madera mientras las dos profesoras que vigilaban el patio estaban hablando sentadas en la escalinata de la puerta central. Una vez cruzada la valla quedaríamos fuera de su vista. Empujé la puerta y los goznes chirriaron. Tenía miedo. Le di la mano a Merceditas y grité: ¡Vamos! Me aseguré de que las profesoras no miraran hacia nosotros y cruzamos la puerta en una exhalación. Con el corazón acelerado tiré de mi amiga y nos acercamos a beber. Lo hicimos todo lo rápido que pudimos, vigilando por si algún ser maligno nos acechaba desde la galería y saltaba sobre nosotros al menor descuido. Entonces sonó la campana que anunciaba el fin del recreo y los dos salimos disparados sin mirar atrás. Con el alboroto de niños corriendo hacia la entrada nadie notó que salíamos del claustro. Mientras hacíamos cola para entrar a clase me sentí tremendamente orgulloso de mi gesta. Había controlado el miedo, como los príncipes valerosos de los cuentos. Después de la hazaña Merceditas se ofreció en señal de agradecimiento a hacerme un carné de identidad para mi muñeco preferido. Le dije que yo no tenía muñecos, que yo era un niño, en aquella época los niños teníamos que ser muy machos, y me contestó que entonces me haría uno para mi hermana. ¿Cómo se llama el muñeco preferido de tu hermana? Lililú, respondí. Mi hermana era un hacha poniéndole nombres a sus muñecos. Su preferido era un muñeco vestido con un mono de punto blanco con capucha. Era blando, solo la cara y las manos estaban hechas de plástico, y cuando lo inclinabas abría y cerraba los ojos. A Merceditas le pareció un nombre muy tonto y yo me enfadé mucho con ella. Lililú era uno más de la familia. Al día siguiente me trajo el carné, con el nombre pintado en colores y muchas flores dibujadas. La perdoné, pero no recuerdo si se lo llegué a dar a mi hermana. Me pareció un carné muy feo, no era digno de Lililú.

Cada año en el colegio pasábamos una revisión médica. Un doctor nos examinaba con un aparato de rayos X que estaba en el mismo colegio, algo muy inusual en esa época. Además, un par de veces cada invierno, tomábamos baños de rayos UVA. Hacíamos cola, desnudos, las niñas con sus bragas blancas y los niños con calzoncillos de algodón. Los chicos estábamos acostumbrados a ir en bañador, pero algunas chicas tenían vergüenza e intentaban taparse unos pechos que aún no tenían. A mí me parecía muy raro. Cuando nos tocaba el turno nos tumbaban en el suelo de seis en seis con unas gafas de soldador en los ojos. Entonces bajaba una gran lámpara ultravioleta que se encendía con una luz violada y nos calentaba durante los tres o cuatro minutos que duraba la exposición.

Conservo de aquella etapa un grato recuerdo. Normalmente no me quedaba a comer, pero cuando lo hacía teníamos que recoger nosotros mismos los platos, pasar la bayeta por las mesas y barrer el comedor. Me sentía importante con semejante responsabilidad, quedarme a comer en el colegio siempre fue para mí una fiesta. La del IMI era una educación avanzada a su tiempo, en la que la formación tenía más importancia que los contenidos. Guardo con especial cariño el recuerdo de la señorita Goya, una maestra vocacional, de pelo blanco y alma tierna, que además de enseñarnos caligrafía y las bases de la ciencia, nos inculcó los valores del respeto, la tolerancia y el compañerismo. Aún ahora, cincuenta años después, me invade la nostalgia cuando recuerdo su mirada y su voz suave mediando en las peleas. Quizás porque ahora, en un mundo en continua crispación, entiendo mucho mejor el valor de sus enseñanzas. Era una mujer buena. Solo había que ver una cosa: todos los niños la querían con locura, y cuando se trata de querer, los niños pocas veces se equivocan.

Hice mi primera comunión mientras cursaba tercero en el IMI. Me escogieron a mí para hacer la lectura durante la misa. Entonces yo era un niño decidido, un poco tímido, pero sin complejos. La ceremonia se celebró en la basílica del Pilar. Yo no me sentía nervioso en absoluto. Cuando llegó mi turno subí al púlpito, emocionado de sentirme protagonista. La señorita Goya ajustó el micrófono y me tendió un papel con el texto. Toma, Jaime, la lectura. No me hace falta, le contesté con una valentía limpia de arrogancia, fruto de la inocencia y la falta de experiencia de mis siete años. La profesora se acercó al atril, bueno, te lo dejo aquí por si lo necesitas, me dijo con una sonrisa. A mi espalda se levantaba el impresionante retablo de alabastro del altar mayor y frente a mí se extendía la inmensa nave central, repleta de familiares y amigos de todos los niños. Los comulgantes estábamos sentados en unos bancos de terciopelo púrpura que había en un pasillo que llevaba al altar. Era la primera vez que iba a hablar en público y al ver tanta gente sentí un momento de miedo escénico. Por un momento pensé que había sido un error no coger la cuartilla que me había ofrecido la profesora, pero me tranquilicé enseguida. Ya de mayor entendí el alcance de su gesto: no cortes las alas, deja volar a tus alumnos, pero estando siempre presente por si tropiezan y caen. La señorita Goya era la esencia de la pedagogía. No necesité el papel, medio siglo después todavía puedo recordar el inicio: Señor, Jesús. En el día de hoy nos acercamos a ti con el corazón limpio… Recité el texto con voz firme. Cuando acabé la señorita Goya me acompaño con una gran sonrisa.

—Muy bien, Jaime, ve con tus padres.

Me sentía tan orgulloso que me pareció que todo el mundo me miraba mientras recorría el pasillo para volver a mi banco. Yo lucía feliz mi traje de almirante, de color blanco con bordones dorados. No tenía mucho sentido vestir de marino en Zaragoza, tan lejos del mar, ni tampoco vestir de soldado para tomar la primera comunión, pero entonces todavía no se había inventado lo políticamente correcto. Se decía maricón y se repartían puros en las bodas sin que nadie se escandalizara. La corrección política es un invento moderno, pero con trampa, porque de nada sirve remozar la fachada si no se apuntala el edificio, o mejor aún, si no se derriba del todo para construir uno nuevo. La trampa está en el adverbio, políticamente. Qué diferente sería si en lugar de hacer lo políticamente correcto hiciéramos simplemente lo correcto. Aunque si nos metemos en definiciones, para definir qué es lo correcto necesitaríamos tres o cuatro mil libros. Así que continuaré con mi comunión. El festejo se celebró en la cafetería Maryland, donde repartí regalos entre los invitados. Vestido de almirante de los Monegros porque sí, porque era la moda y nadie lo cuestionaba. A los hombres, puros Montecristo en sus tubos metálicos amarillos con tapa roja. A las mujeres, unas bolsitas de tul llenas de peladillas blancas y rosas.

Recibí muchos regalos y entre ellos mi primer bolígrafo, me sentí todo un hombrecito, ya tenía mi propio Parker. ¡Y con una mina de recambio!

3

UN PALACIO EN UN PAJAR

Durante mis primeros años en Zaragoza pasaba muchas temporadas en Mequinensa. Bajábamos al pueblo casi cada fin de semana y las vacaciones escolares al completo. Para mí, el pueblo era libertad, andar sueltos por las calles, merendar pan con vino y azúcar o pan con una onza de chocolate clavada en la miga. Iba siempre con mi hermana y mis tres primas, nos pasábamos la vida juntos los cinco. Como todas eran niñas, aprendí a saltar a la comba y a las gomas. Nunca aprendí a patinar. Me regalaron unos patines, unas sencillas plataformas de hierro que se ataban a los zapatos con unas cintas de cuero marrón, y lo intenté varias veces, pero mis pies tenían personalidad propia, cada uno la suya por supuesto, y siempre acababa en el suelo magullado. No tenía vocación de velocidad y desistí pronto. Guardo entrañables recuerdos de las aventuras de los cinco primos. Emulábamos a los protagonistas de los libros juveniles que tanto nos gustaban, todo el día en bicicleta o vagando por las sierras que rodeaban el pueblo. Escalábamos una escarpada cortada para ir a jugar a un barranco que había cerca de casa de mis tíos. En una de las laderas una faja rocosa se había desplomado y unas enormes piedras formaban un gigantesco caos, lleno de recovecos y abrigos donde esconderse y jugar. Hoy en día, en un mundo de niños sobreprotegidos, resultaría impensable dejar campar solos a cinco chiquillos inconscientes. Es posible que los niños de ahora se ahorren muchos golpes y raspones, pero me da pena pensar que no experimentarán la sensación de libertad que pude vivir yo, el gusanillo en el estómago cuando subías a un árbol o te acercabas al borde de una roca.

Uno de mis mejores recuerdos es el verano que pasamos en los Monegros cuando yo tenía siete u ocho años. Pili era la más pequeña de mis primas, una niña inquieta y vivaracha, puro nervio. Estaba tan delgada que el doctor recomendó a mis tíos un cambio de aires para ver si se le abría el apetito y engordaba un poco. En aquellos tiempos nadie en mi familia podía permitirse el lujo de pagarse unas vacaciones, así que mis tíos y mis padres decidieron que nos instalaríamos en el *mas* de mi abuelo, en la que se conoce como la partida de Monegre. Estaba situado en lo alto de una ladera, dominando un bancal donde se alineaban los almendros y los olivos. Desde allí divisaba la planicie de los Monegros, pinos sedientos y campos de secano separados por zarzas y matas de romero hasta donde alcanzaba la vista. El *mas* era un pequeño edificio de piedra con dos puertas rojas de madera cuarteada que daban acceso a los dos espacios independientes. La puerta de la derecha daba paso a la zona de vivienda. El fuego se encendía directamente sobre el suelo y de la chimenea pendían unas cadenas de hierro, negras de hollín, donde se colgaban las ollas para cocinar. Junto a la entrada descansaba una enorme tinaja de barro en la que se dejaba reposar el agua de lluvia que bebíamos y justo enfrente una escala de mano permitía acceder a una especie de altillo donde se guardaban alimentos a resguardo de los animales. Debajo, junto al fuego, una única cama. Y del otro lado de la puerta, un pesebre que recorría toda la pared. Era el sitio de *Blanquita,* una mula de precioso pelo plateado que murió cuando yo tenía tres años. Aun así, recuerdo haberla montado de muy niño dando vueltas a la era sujetado por mi abuelo. Era grande y a mí me parecía galopar a lomos de un descomunal elefante. Me balanceaba de un lado a otro a cada uno de sus pasos, aferrado a sus crines grises para no caerme. Cuando Blanquita nos dejó ya no la sustituyeron, pero decidieron mantener el pajar. A mí me parecía enorme. Había un metro y poco de paja, y para subir usábamos un tocón de madera, que hacía también las veces de improvisada banqueta.

Nos quedamos a vivir allí todo el mes de julio. Entre semana nos quedábamos los niños con mi madre y mi tía. Los viernes llegaban los padres con provisiones y volvían a marcharse el domingo. No había teléfonos, para enviar cualquier mensaje había que esperar a que pasara alguien camino del pueblo y pedirle que lo transmitiera. Bajar andando hasta Mequinensa tomaba un poco menos de hora y media.

Los cinco primos dormíamos en el pajar, sobre una *borrassa:* los grandes paños de tela áspera que se extendían bajo los almendros para cosechar los frutos. Nos encantaba saltar y dejarnos caer sobre la paja, pero no nos dejaban porque decían que levantábamos mucho polvo y teníamos que hacerlo a escondidas. En el *mas* no había agua corriente ni electricidad. Cocinábamos sobre las brasas y nos iluminábamos con luces de carburo. Todo era nuevo y emocionante. Bebíamos agua de lluvia, que unos canalones bajo el tejado recogían y llevaban hasta una cisterna. Mi abuelo me había explicado el proceso. Se desechaba el agua de las primeras lluvias, para que limpiaran las tejas. Después se abría el tapón de la cisterna para que entrara el agua. Allí se dejaba sedimentar y luego la sacábamos con un cubo metálico atado a una cuerda para trasladarla a la tinaja de barro, que al sudar la refrescaba un poco. Nunca olvidaré el gusto extraño de esa agua, áspero e inquietante. Le notaba un gusto diferente justamente porque no sabía a nada, el agua de lluvia no tiene sales, es auténticamente insípida, pero habituados al agua corriente los sentidos nos engañan y nos parece que es el agua de lluvia la que tiene gusto. Para disimularlo un poco hacíamos agua de litines o gaseosa Armisen. Siempre quería hacerlo yo. Me encantaba llenar la botella de agua, vaciar el contenido del sobre blanco, añadir después el sobre amarillo y cerrar el tapón hermético rápidamente antes de que la efervescencia rebosara el cuello y escapara toda la espuma. Luego se agitaba bien y listo, ya teníamos una gaseosa. No estaba fresca, pero con el gas no se notaba tanto el calor.

Fue una aventura maravillosa. Todavía no se habían inventado las pantallas y nuestro único juguete era el mundo que nos rodeaba, pero no nos aburrimos ni un solo instante, teníamos todo un universo por descubrir. Caminábamos hasta el *camí roig*, llamado así porque la pista atravesaba una veta de tierra arcillosa de color rojizo, allí cavábamos y llenábamos bolsas con la arena anaranjada que luego molíamos entre dos piedras con infinita paciencia, la amasábamos con agua y fabricábamos jarras, vasos y platos que luego dejábamos secar al sol y usábamos para jugar en las casitas que nos construíamos bajo unos pinos. Alineábamos piedras blancas calcinadas por el sol, que recogíamos de los márgenes en los campos vecinos, dibujando con ellas los planos de la casa. Las líneas de piedras representaban los muros de las diferentes habitaciones: el comedor, la cocina, los dormitorios. En cada sala dejábamos un espacio sin piedras: era la puerta de entrada y teníamos que entrar por allí porque estaba estrictamente prohibido atravesar una pared, aunque para hacerlo solo necesitábamos levantar un poco el pie. Nunca a nadie se le ocurrió cruzar un muro.

Creo que ese verano fue la primera vez que tuve que asumir un rol de género. Una noche, después de contar historias alrededor del fuego, hablar de serpientes y de jabalís que merodeaban los campos por la noche, los padres nos propusieron una prueba de valentía: teníamos que dar solos la vuelta al *mas*. Yo era el mayor y, sobre todo, yo era el hombre. Tenía que ser el primero para demostrar que no pasaba nada. ¿Y si pasaba? ¿Por qué tenía que ser yo el primero? No me planteé cuestionarlo en voz alta, el patriarcado estaba en su pleno apogeo y tuve que asumir mi papel. Salí. Había poca luna y la noche me parecía una gran caverna tenebrosa. No veía nada. Poco a poco mis ojos se fueron habituando a la oscuridad y miles y miles de estrellas se iluminaron en el firmamento. Las siluetas de algunos árboles se insinuaban, recortando contra las estrellas extrañas formas aún más oscuras que la noche. Avancé un par de metros hasta la esquina del *mas*. Doblarla significaba perder de vista la puerta, la única grieta de luz en la noche, la guarida. Estuve a punto de volver, pero no podía hacerlo, yo era el hombre. Visto en perspectiva, es impresionante la fuerza que tienen los roles asumidos en una sociedad. Nos atrapan sin que seamos conscientes y condicionan silenciosamente nuestro comportamiento. En ese momento, me daba más vergüenza volver que miedo a seguir avanzando. Así que doblé la esquina, apresuré el paso tanto como me lo permitían la oscuridad y el suelo irregular lleno de piedras y matojos, y completé la vuelta. Volví junto al fuego después de concluir esta especie de rito iniciático. Al entrar de vuelta mi satisfacción era inmensa, me sentía un héroe, el Jabato de los tebeos que tenía mi abuelo en una maleta. Había demostrado mi valor, había hecho lo que la sociedad esperaba de mí, millones de estrellas habían sido testigos de la hazaña. Lo que hicieran mis primas y mi hermana había perdido interés, seguían la estela del líder, yo les había mostrado el camino. Así es cómo, poco a poco, se afianzan los roles de todo tipo, grabando en el subconsciente de los niños las pautas que seguir, reforzando con el reconocimiento las conductas que la sociedad espera de ellos.

Estuvimos viviendo en el *mas* cuatro o cinco semanas. Asilvestrados, sin comodidad alguna, pero estoy completamente seguro de que en ningún palacio del mundo podría haber dormido mejor que en aquel pajar.

4

DE MONTESORI AL CUARTEL

En cuarto de egb, la Educación General Básica que estaba en vigor en los años setenta, mis padres decidieron cambiarme de escuela y me enviaron al colegio del Sagrado Corazón de Jesús. De un jardín en el que dejaban crecer cada árbol a su ritmo pasé a una plantación donde cada árbol era firmemente entutorado para que creciera bien recto. Todos iguales y uniformes. El cambio fue brutal. Y eso que en aquel momento no podía ni imaginar hasta qué punto mi vida iba a quedar sentenciada por lo que allí iba a ocurrir. A veces me he preguntado qué hubiera pasado si mis padres me hubieran inscrito en otro colegio. Mi educación hubiera sido diferente y no habría sufrido el accidente. Quizás hubiera sucedido igualmente, pero yo no habría estado allí, algún otro niño habría sufrido mi calvario. Yo sería otro. La misma persona, pero totalmente diferente. Somos lo que hemos vivido, nuestra memoria es todo nuestro bagaje, cuando la perdemos nos diluimos hasta dejar solo un cuerpo sin sentido, sin recuerdos que nos perfilen como seres únicos. Mi vida hubiera sido completamente distinta si mis padres no hubieran dejado el pueblo, si no me hubieran llevado a Corazonistas. Cada una de las decisiones que tomaron tuvieron un impacto en mi existencia, Igual que otras decisiones que he tomado en mi vida. Evidentemente, ellos no podían saberlo, no podían anticipar el futuro. En ocasiones me pregunto cómo sería yo en cada una de las cien mil vidas diferentes que podría haber tenido. No sirve de nada, porque la que tengo es la única y es la mía.

Empezó el nuevo curso. El primer día del curso mi madre me dejó en el patio. Era enorme: había un campo de fútbol, uno de balonmano y varias pistas de baloncesto, todo repletos de cientos de niños corriendo y gritando. A las nueve en punto sonó una sirena y, como estirados por unos resortes invisibles, todos los chicos corrieron y formaron grupos frente a la fachada del colegio. Yo estaba confundido y cohibido, no sabía qué hacer. Un hermano que me debió ver la cara de despistado me preguntó a qué curso iba, cuarto C, ven hijo; y me acompañó hasta mi grupo. Otro hermano, que según supe después respondía al nombre de Amancio, ya estaba pasando lista. Era un hombre pequeño y enjuto, de brazos nervudos que siempre mostraba bajo su sotana permanentemente arremangada. Era un misterio cómo la naturaleza había podido concentrar tanta mala hostia en un espacio tan reducido, tenía el dedo meñique doblado y un poco torcido, y cuando pegaba bofetadas la punta del dedo pequeño repicaba sobre la cara dos o tres veces. Cuando nos tuvo ordenados en dos filas por orden alfabético gritó:

—¡Alinéense. Y que cada uno recuerde su lugar para mañana!

¿Alinearse, qué es eso? Solo éramos un par de chicos nuevos, así que los veteranos nos instruyeron rápidamente. Teníamos que formar filas perfectas. Con el brazo estirado, la punta de los dedos tenía que tocar el hombro del compañero que tenías delante y mirando la fila solo se tenía que ver una única cabeza. Entramos en el colegio y subimos a nuestra clase desfilando en perfecta formación tras el hermano Amancio. Había dos escaleras, amplias y con barandillas metálicas pintadas de rojo, que dividían el enorme bloque rectangular del colegio en tres zonas. El edificio era un ejemplo de la arquitectura funcional de mitades del siglo xx: unas hileras continuas de ventanas, separadas solo por estrechas columnas metálicas de color azul, recorrían toda la fachada de extremo a extremo; el resultado era una sucesión de franjas de vidrio y de granito blanco superpuestas piso tras piso. Al llegar a clase nos hicieron sentar en orden alfabético. Orden, orden, orden. Era una obsesión, cada cosa en su lugar, en la clase y en la sociedad. Orden y disciplina. Cada uno tiene su lugar y nosotros estábamos llamados a ser la nueva generación de jóvenes profesionales, formados para construir el futuro del país. ¿Por qué escogieron mis padres este colegio? Ellos, como toda la generación que había vivido la posguerra, estaban obsesionados con la educación y buscaron el mejor colegio. Corazonistas tenía fama de poseer el nivel más elevado en Zaragoza y realmente era un centro de exigencia muy alta. Aquel edificio blanco y azul era un pequeño gulag que fabricaba grandes profesionales, pero que también dejaba marcados a fuego los espíritus rebeldes que se atrevían a cuestionar el sistema o los que no podían seguir el ritmo exigido. Educación castradora, diríamos ahora, pero este es otro concepto moderno que nadie imaginaba entonces, cuando solo se hablaba de rigor y disciplina. En este aspecto fui afortunado: estudiaba lo justo, sacaba muy buenas notas y mi espíritu no era demasiado rebelde, así que tuvieron que castrarme poco. Conocí muchachos excepcionales y brillantes, también algunos ruines y miserables, pero conseguí salir de allí sin demasiadas secuelas. O quizás es que las secuelas del cruel accidente que tres años después acabó con mi adolescencia minimizaron todas las otras. A quién le importa un dolor de muelas cuando te están desgarrando las tripas. Cuando te ves como un monstruo te da lo mismo ser un monstruo alto que un monstruo bajo. La altura es lo de menos.

Era un colegio solo para chicos, no fuera a ser que las muchachas desordenaran nuestras mentes vírgenes de tentación. Así que desde los siete hasta los dieciocho años, antes y sobre todo después del accidente, compartí mis clases solo con hombres. Es posible que este fuera el origen de la difícil relación que durante toda mi vida he tenido con las mujeres. Difícil en el sentido de compleja, o casi mejor aún, acomplejada. Eso es, me sentía acomplejado frente a las chicas. No tenía con ellas el trato cotidiano y próximo que permite conocer a las personas, ir más allá de lo superficial, de lo que muestran, para conocer lo que realmente son. En los encuentros fortuitos con el otro sexo, siempre en grupo, yo era el raro. El niño tímido, miope y deforme que saca buenas notas. O al menos así lo veía yo. Y lo veía así porque era así.

Pero ese inicio de curso yo aún no era un monstruo, yo era un niño como los demás. Jugaba al fútbol como todos, con unas pelotas de color rojo, tan duras que cuando recibías un balonazo te pasabas cinco minutos resoplando del escozor. Cada clase recibía una pelota por mes. Como todas eran exactamente iguales, el primer ritual era marcarla: varios alumnos armados de bolígrafos azules pintaban el nombre de la clase por varios lados: «4 C». No era un tema baladí, ya que en el campo de fútbol volaban decenas de pelotas en múltiples partidos simultáneos. La dificultad para meter gol no era tanto sobrepasar al guardameta del equipo rival, sino esquivar en el disparo la multitud de porteros de los otros partidos que pululaban bajo los palos. Conforme avanzaba el mes, el campo se iba esponjando. Las pelotas se pinchaban o se colgaban por encima de la valla del patio para caer al río Huerva, que discurría junto al colegio, donde se perdían irremediablemente. Cuando nos quedábamos sin pelota jugábamos a las canicas, a burro va o a policías y ministros, que era el curioso nombre que se daba en mi colegio al conocido juego de policías y ladrones. Así hasta recibir la pelota del mes siguiente, en un ciclo que se repetía invariable durante todo el curso.

El fútbol fue la causa de los únicos novillos que he hecho en mi vida. En el colegio solo estudiábamos francés y, con una gran visión de futuro, mis padres me apuntaron a clases extraescolares de inglés. Empezaban quince minutos después de la salida por la tarde. Rodríguez y Susinos también estaban apuntados y aprovechábamos este cuarto de hora para jugar un rato al fútbol. Como nuestra visión de futuro no era tan acertada como la de nuestros padres, los partidos se alargaban cada día un poco más y empezamos a llegar a clase de inglés cinco minutos tarde, luego diez y al cabo de unas semanas nos saltábamos la mayoría de las clases. Al principio tenía algunos remordimientos y miedo de que me pillaran mis padres. Luego, al ver que no pasaba nada, dejé de pensar en que estaba haciendo algo malo, y si alguna vez lo pensé mi conciencia fue rápidamente acallada por el temor a sentirme despreciado por mis compañeros de campana. ¿No te atreves a quedarte? ¿Vas a ser el niño bueno? Saltarme la clase era también una manera de ganar prestigio frente a mis amigos. El paciente profesor de inglés era un hombre gordo, con un bigotillo gris y que, muy en su papel, vestía siempre una americana tweed de cuadros. Al principio no dijo nada, pero finalizado el segundo trimestre aconsejó a mis padres que, dado mi escaso interés por la lengua inglesa, era mejor que dedicaran el dinero a algo más productivo. Después, en casa, durante el preceptivo interrogatorio les expliqué a mis padres que no aprendía nada, lo que era estrictamente cierto, y que las clases eran muy aburridas y el profesor muy malo, hechos que conocía por referencia de otros alumnos que sí que asistían a las clases, aunque por supuesto omití mencionar las fuentes de dicha información. Después de un buen rapapolvo me borraron de inglés y se acabaron los partidos a la salida de clase. Tuve que aprender inglés en la universidad.

Al comenzar el sexto curso, el colegio organizó una formación extraescolar de guitarra. Uno de los profesores de la actividad, un gitano de pelo lacio y uñas largas, recorrió las clases tocando varias piezas a modo de demostración. Tocaba extraordinariamente bien y nos dejó a todos maravillados, así que, como ya no hacía inglés, me apunté a clases de guitarra junto con un nutrido grupo de alumnos, convencidos de que en pocas semanas tocaríamos flamenco con la destreza de Paco de Lucía. En seguida me di cuenta de que no sería tan fácil. Nos pasábamos horas practicando, repitiendo acordes y secuencias de notas para coger habilidad y soltura de los dedos en los trastes. Al primer mes desistieron más de la mitad, hartos de repetir mi, sol, fa y otras combinaciones similares una vez tras otra, hasta que el profesor consideraba que lo hacíamos suficientemente bien y nos permitía pasar al siguiente ejercicio. Yo decidí continuar. Siempre he sido paciente y constante, y aunque nunca tuve la habilidad que tiene mi hija Laura para la música, no se me daba mal del todo. Era uno de los alumnos más avanzados en el aprendizaje porque practicaba en casa aplicadamente, martirizando a mi familia y a los vecinos, que de buen seguro hubieran quemado gustosos mi guitarra o se hubieran alegrado de que me escayolaran el brazo hasta el codo con tal de evitarse el repetitivo martilleo de notas en su cerebro. La mayoría de los vecinos olvidan que Mozart también tuvo que aprender a tocar antes de componer su *Réquiem*. Aunque no niego que quizás Mozart aprendiera un poco más rápido.

Cinco meses después ocurrió el accidente.

5

UNA PEQUEÑA LLAMA AZUL

UNO O DOS años después del accidente escribí unas cuartillas explicando lo sucedido y hablando de cómo me había sentido durante ese tiempo. El escrito empezaba con la fecha y hora exacta en que ocurrió. Enrollé con cuidado las hojas y las escondí dentro de mi globo terráqueo. Era un globo grande, azul, con un mapamundi geográfico que mostraba los ríos y las montañas de toda la Tierra. Tenía una luz dentro y al encenderla aparecía el mapa político, mucho menos interesante. Se podía abrir para cambiar la bombilla y quedaba un agujero por el que introduje las cuartillas, atadas con un hilo blanco de algodón. Nadie miraba nunca el globo, colocado sobre un armario, ni mucho menos lo encendía. Me pareció un buen sitio para esconder aquellas páginas. No quería que nadie las leyera, era algo muy íntimo. Yo era un niño y todo estaba muy fresco. No volví a escribir sobre el tema hasta 45 años después. Ya no era un niño y todo seguía muy fresco.

Ahora no consigo recordar con precisión la fecha del accidente. La anoté en mis cuartillas, pero me las robaron. Me las robaron y con ellas mis emociones de niño herido. Unos meses después de escribirlas fui a buscarlas y el globo terráqueo estaba vacío. Miré dentro, lo agité, nada. Encendí la bombilla, pero solo apareció el mapamundi político. Ni rastro de mis cuartillas. Mi madre nunca reconoció el hurto, negó como san Pedro las tres veces que le pregunté si había encontrado algo en mi globo. Algo. No le pregunté por mis cuartillas, no mencioné lo que era. Dije algo. Algo mío. No pregunté más, era evidente que ella no lo iba a reconocer y yo me sentía avergonzado de pensar que las hubiera leído. Muchos años después volví a preguntarle y continuó negándolo. O quizás ya no lo recordaba, o había querido olvidarlo. Tampoco debe de ser fácil para una madre ver sufrir a un hijo. En casa nunca se hablaba del accidente.

Pongamos que fuera febrero de mil novecientos setenta y cuatro. Yo tenía once años. No importa el día. Tampoco importa el mes ni el año. Mi vida cambió un día cualquiera de un año cualquiera en el que nos tocaba una clase experimental de la asignatura de Física. Me gustaban los experimentos, ya desde pequeño me fascinaba la ciencia. Llegamos al laboratorio. Era un bonito día de invierno y el sol entraba por los ventanales que recorrían la pared que daba al paseo de la Mina. La opuesta estaba cubierta de estanterías llenas de frascos e instrumentos. Olía a formol. El hermano Nemesio nos esperaba embutido en su enorme túnica negra, con una larga hilera de botones como si fuera una enorme bragueta. La llevaba ceñida a la cintura con un cordón y tenía varios pliegues en la parte baja para facilitar el movimiento. Todo el material necesario estaba ya preparado. Nos sentamos por orden de lista en las mesas alargadas, frente a una gran poyata de mármol negro situada bajo la pizarra. Como los últimos no veíamos bien desde el fondo de la clase, el hermano nos dijo que cogiéramos las banquetas y nos pusiéramos delante. Rodríguez, Sampietro, Susinos, Tomás, otra casualidad, por el jodido orden de lista quedé sentado en primera fila. Todos estábamos excitados, las sesiones de laboratorio eran distintas y más entretenidas que las clases teóricas en el aula. Pensé que había tenido suerte, estaba sentado delante del todo, frente a la primera mesa y a medio metro de la poyata donde se realizaban los ensayos. Ese día tocaba la dilatación de los metales. En el primer experimento el profesor tenía una esfera de acero que colgaba de una cadena sujeta a un pequeño mango de color negro. Sobre un soporte se sujetaba una argolla ligeramente más ancha y el hermano Nemesio hizo pasar la bola por dentro del aro. Después la calentó y al intentar pasarla de nuevo, la esfera quedó apoyada sobre la argolla como por arte de magia, sin poder atravesarlo. Miré el reloj que colgaba de la pared, bajo el crucifijo. Quedaban quince minutos para acabar la clase y aún faltaba el experimento del pirómetro: un aparato con un depósito cilíndrico de alcohol del que salían tres mechas que calentaban una barra metálica colocada horizontalmente sobre las llamas. En un extremo de la barra, un resorte accionaba una aguja que marcaba la dilatación del metal en una escala graduada. Cambiando el material de la barra se podían ver las diferencias de comportamiento entre los diferentes metales. El hermano Nemesio encendió las mechas y colocó una barra de hierro, la calentó y anotamos cuidadosamente la lectura de la escala en nuestros cuadernos. Se me acababa la mina en el lápiz, pero no tenía el sacapuntas, así que el trazo era grueso y tenía que escribir con números grandes. Después el profesor cambió la barra de hierro por una de cobre rojizo y empezó a calentarla, pero el depósito perdía alcohol y una de las mechas se estaba apagando por falta de combustible. El profesor miró la hora y pareció dudar. Si lo apago y lo relleno se enfriará y no nos dará tiempo de completar el experimento antes de acabar la clase, nos dijo. Rellenar el depósito con el aparato encendido era arriesgado. Buscó un embudo largo, repitió varias veces que nunca teníamos que hacer lo que él iba a hacer, que era muy peligroso. Su comentario me inquietó.

Colocó con cuidado el extremo del embudo en la boca de carga del depósito y empezó a verter alcohol por el otro extremo alejándolo tanto como podía del pirómetro. Recuerdo exactamente la posición del hermano Nemesio: a no más de metro y medio con el codo derecho levantado y la botella de etanol horizontal, apuntando hacia mí. Sujetaba el embudo con la otra mano apoyada en el mármol para que no se moviera. Recuerdo ese instante como si ese día cualquiera de un año cualquiera fuera ayer. Cuando empezó a verter el líquido, el vapor del alcohol entró en contacto con una de las mechas encendidas y se inflamó. En una fracción de segundo una pequeña llama azul recorrió el embudo y alcanzó la boca de la botella de alcohol. Como si fuera un lanzallamas, una gran bola de fuego y alcohol salió disparada de la botella y me impactó de lleno. No me quedé ciego porque las gafas evitaron que el fuego me alcanzara directamente los ojos. De algo me ha servido en la vida ser miope. Mi ropa y mis cabellos se encendieron y me convertí en una antorcha humana. El pánico. El pánico te roba el control, tengo recuerdos muy difusos de los segundos que estuve encendido. Gritos, gritos de terror de mis compañeros y los míos propios. Gritos por todas partes. Estrépito de taburetes cayendo. En mi huida tropecé con uno y caí al suelo.

Hacía poco que en Zaragoza habían muerto abrasados en un incendio veintitrés trabajadores de la tapicería Bonafonte. Algunos intentaron huir, pero quedaron atrapados contra una persiana metálica que no pudieron abrir. La prensa habló mucho de ello y mis padres lo comentaron en casa. Mi madre escuchaba horrorizada cómo mi padre leía la descripción de lo ocurrido en *El Heraldo de Aragón*. A mí me impresionó mucho: me imaginaba a esos hombres intentando abrir la puerta, desesperados, mientras las llamas se acercaban poco a poco y el humo empezaba a abrasarles los pulmones. En ese momento, caído en suelo envuelto en fuego, pensé que iba a morir. Así debieron morir ellos. Me levanté como pude para seguir huyendo. Pero cómo podía huir si las llamas me envolvían. Eran de color amarillo. Yo era una enorme llama. Por mi mente se dispararon imágenes claras y nítidas: mi primera comunión vestido de almirante, mi hermana, la mesa de Navidad con mis abuelos sentados en la cabecera, mi nueva escopeta de perdigones. No recuerdo sentir dolor en ese momento. Luego un médico me explicó que es un mecanismo de defensa del organismo: la descarga de adrenalina suprime el dolor para que podamos concentrarnos en la huida o en la pelea. Luego, cuando se quema la piel, se queman también las terminaciones nerviosas que envían las señales del dolor. Duelen más las quemaduras de primer grado que las profundas.

El hermano Nemesio me alcanzó y me envolvió con las faldas de su sotana. Me daba golpes en la cabeza para apagarme el pelo. ¡Quieto, tranquilo, no corras! Consiguió ahogar las llamas. Le pidió a uno de mis compañeros que corriera a avisar a enfermería, el pobre chico lloraba en estado de *shock* y tuvo que gritarle. ¿No me oyes? ¡Que vayas a avisar a enfermería! Me llevó fuera del laboratorio. Yo aullaba. Olía a pollo quemado. Levanté los brazos hacia adelante, mis manos estaban ennegrecidas y de uno de los antebrazos me colgaban unos tirabuzones negros. Era mi piel. Me mareé. Trajeron unas toallas mojadas y me envolvieron en ellas. Oí que discutían si llamar a una ambulancia, parar un taxi o llevarme andando para llegar antes a un médico que visitaba cerca del colegio. No recuerdo qué sucedió después, la siguiente escena que aparece en mi memoria es la llegada a la consulta del médico, en una bocacalle de Cesáreo Alierta. Volvería muchas veces allí. Solo recuerdo que hicieron salir a la persona que estaba atendiendo en ese momento para hacerme entrar a mí, y las caras de estupor de las personas que nos cruzamos. Sentía frío. Un dolor salvaje empezaba a llegar en oleadas y el cuerpo me temblaba sin control. Me inyectó morfina.

Recuerdo la segunda frase que había escrito en mis cuartillas: «Ese día empezó todo». Recuerdo la frase, pero sigo sin recordar la fecha exacta.

6

LA MOMIA DE TINTÍN

ME INGRESARON DE urgencia en el hospital de San Juan de Dios. En aquel tiempo era una maternidad, pero era el más cercano. No me acuerdo cómo me llevaron, mis recuerdos se diluyen y se amontonan en una nebulosa de opiáceos, son como una grotesca danza en la que se suceden imágenes que me quedaron grabadas con todo detalle y otras escenas borrosas de las que solo consigo evocar las sensaciones de miedo que me inundaban. Mi madre fue directamente al hospital, la habían avisado desde el colegio y ya estaba esperando en la habitación cuando llegué. Intentó consolarme, pero yo me encontraba en estado de *shock* y no podía pensar con claridad. Al poco entró un médico con su estetoscopio colgando del cuello. Con ayuda de una enfermera retiró el vendaje provisional que me habían colocado en los brazos y en la cabeza. Mi madre se echó a un lado, vi cómo se sobresaltaba, se llevaba las manos a la boca y sus ojos empezaron a brillar, llorosos. Esa fue una de las imágenes que se me quedaron grabadas. El doctor pidió unas tijeras y cortó los restos de mi ropa chamuscada para retirarla con sumo cuidado. Yo veía la habitación como en una especie de vértigo difuso. Tenía miedo de que me hicieran daño al sacarme la ropa. Todo me daba vueltas: el médico y la enfermera flotaban en un caprichoso baile de batas blancas. Bájenlo al quirófano ahora mismo. ¿Cómo está, doctor? Tiene quemaduras graves, señora; de segundo grado en el treinta por ciento del cuerpo y de tercer grado en el diez por ciento. Vamos a llevarlo abajo para la cura.

Ya no recuerdo nada más, supongo que debieron anestesiarme.

Recobré la conciencia de vuelta a la habitación. No me desperté del todo, seguía sumido en un sopor de drogas y agotamiento. Llegó mi padre y se acercó a mí. Está dormido. ¿Qué ha pasado? Mi madre se derrumbó en sus brazos llorando, desconsolada. Entre sollozos repetía: estaba todo hinchado, parecía un monstruo, parecía un monstruo. Mi padre intentaba tranquilizarla. Abrí mucho los ojos, o quizás solo creí abrirlos, y quise agitar los brazos, pero no conseguí moverlos. Quería gritar. Gritar con todas mis fuerzas: mamá, no soy un monstruo, soy yo, soy Jaime, no soy un monstruo. Pero no pude. No podía moverme, ni hablar, ni gritar. Me sentía atrapado en una camisa de fuerza invisible, amordazado por la morfina mientras mi madre seguía llorando sin parar. Me aterroricé de que mi cuerpo no respondiera a mi cerebro y me asustaron sobre todo las palabras de mi madre. ¿Qué me habían hecho? ¿Me había convertido efectivamente en un monstruo hinchado y deforme?

Sé que ellos estaban convencidos de que yo dormía. De otro modo mi madre nunca hubiera dicho lo que dijo. Y sé también que su amor era incondicional, que me habría querido aunque fuera el más horrible de los monstruos. Pero justamente esto le daba más fuerza a su llanto. Era el quejido de una madre herida allí dónde más le duele, en su hijo. Era el grito de angustia de una madre buscando un consuelo imposible en brazos de mi padre. Quizás por eso me afectó tanto: Ver a mi madre deshecha de dolor, gritando lo que sentía sin contención, segura de que yo no escuchaba. Y yo, desde mi cárcel de opiáceos fui consciente justamente de eso, de que lo decía porque creía que yo estaba dormido, que lo decía porque lo sentía así, porque me había visto y se había llevado las manos a la boca para no gritar, porque había visto a su hijo convertido en un monstruo. Me dormí de pura extenuación. Después me mantuvieron un par de días en un estado de semiinconsciencia, hasta que rebajaron la dosis de morfina y empecé a tener la cabeza algo más clara.

No le pregunté a mi madre por qué le había parecido un monstruo. Decidí no mencionarlo. Aún no sé si fue un arrebato de madurez, para no herirla diciéndole que la había escuchado, si fue por miedo a enfrentarme a la realidad o si simplemente fue un inmenso error dejar esa espina clavada tan hondo. Hoy en día habría tenido desde el primer momento una psicóloga proporcionándome apoyo, me habría explicado alguna cosa sobre el estrés postraumático y me habría puesto *La Bella y la Bestia* para que viera que las apariencias no importan. Y una mierda. Cada vez que alguien me ha dicho esto a lo largo de mi vida, yo he pensado para mis adentros: qué fácil es decirlo cuando no has pasado por ello. Están tan convencidos de lo que dicen, es lo que toca. ¿Cómo podría ser de otra manera? Al principio les preguntaba: Tú siempre has sido normal, ¿no? Luego ya ni eso. Solo sonreía. Claro, tienes razón.

Pero entonces yo solo era un niño inteligente con pocos recursos de gestión emocional, dándole vueltas a lo que sentía sin saber cómo vomitarlo todo. Y una frase que me martilleaba la mente, atroz, inmisericorde: parecía un monstruo, parecía un monstruo.

Durante la primera semana me dejaron los vendajes puestos, las heridas debían cicatrizar poco a poco. Recibía visitas cada día y una tarde mi padre trajo a mi hermana, Elisa. Vi su cara de sorpresa cuando entró en la habitación. No sabía qué decirme: dile algo a tu hermano, chica. ¿Te duele? Un poco, pero me ponen algo en el gotero para el dolor. Me costaba hablar con las vendas, casi no podía abrir la boca, me resultaba difícil hasta sorber con una pajita el caldo o los zumos de los que me alimenté las primeras semanas. Como consecuencia se me soldaron las comisuras de la boca. Al cerrarse las heridas de los dos labios, estos quedaron unidos medio centímetro por cada lado. Durante toda mi vida he tenido que sumar a mi miedo a los dentistas mi dificultad para abrir la boca. Además del horripilante zumbido de los tornos y mi pánico atávico a todo lo relacionado con los dientes, se sumaba el estrés de tener que escuchar las quejas continuas del odontólogo en todas sus variantes: si es que no se puede trabajar así, esto está muy complicado, no tengo espacio, abre más la boca, joder. Pero los dentistas, sudando y renegando, conseguían acabar su trabajo. A mí me resultó más difícil. Dejé de sonreír. Al tener las comisuras soldadas, a cada sonrisa se tensaban y mi boca se convertía en un rictus satánico que yo odiaba. Cuando sonreía en las fotos, mi cara se volvía una máscara de teatro griega. Quizás es por eso por lo que siempre me han atraído las personas con una sonrisa franca, esa ligera curvatura de los labios que deja entrever la línea de los dientes me fascina. Aprendí a sonreír con los ojos, pero esta es una sonrisa que no se puede improvisar para una foto. Los ojos solo ríen cuando no llora el alma. Cuando se dan las dos cosas, cuando tanto la boca como los ojos sonríen a un tiempo, se genera una luz mágica. Me desarman esas sonrisas que iluminan, que irradian. Me las quedaría mirando como hipnotizado, con cara de bobo y la envidia royéndome cada uno de mis huesos.

Yo nunca las he podido tener, solo puedo sonreír con los ojos cuando no me llora el alma. Entonces aprendí a leer los ojos de las personas, pero este es un tema sobre el que volveremos más adelante. Ahora aún estaba en el hospital, curando mis heridas con la boca medio sellada.

Pasaron dos o tres semanas y cuando ya me encontraba relativamente mejor, el médico dio su autorización para que me levantaran. Podía ir al baño. Vino una enfermera para ayudarme, se llamaba sor Rosario, era morena y cariñosa, y tan enérgica que se hacía enorme dentro de su pequeño hábito blanco. Entró en la habitación y se acercó a mi cama.

—Ya te han dado permiso para levantarte. Qué bien, ¿no?

—Sí –respondí con voz queda.

—Bueno, pues ahora te levantaremos y podrás ir al baño. ¿Cómo te encuentras?

—Aburrido.

—Con los brazos vendados no puede sostener un libro y no puede leer –explicó mi madre–. Le gusta mucho leer. Yo ya le leo algunas cosas, pero no es lo mismo.

—Está muy bien que te guste leer, yo también leo mucho.

Sor Rosario me puso una mano sobre la rodilla y se quedó mirándome a los ojos. Tuve la sensación de que iba a decirme algo importante.

—Jaime, en el cuarto de baño hay un espejo. ¿Querrás mirarte?

Me sorprendió la pregunta. No me lo había planteado. Hasta ese momento yo solo me había visto las manos y los brazos, cubiertos con una venda blanca con algunos manchurrones que provenían de la supuración de las quemaduras y del Linitul, unas gasas recubiertas de vaselina, anestésicos y productos cicatrizantes con las que recubrían mis heridas. Asentí tímidamente. Para ser sincero, no estaba nada seguro de quererlo, tenía curiosidad, pero también miedo a lo que podía encontrarme en el espejo. Aún recordaba a mi madre: parecía un monstruo.

Sor Rosario debió percibir mi ansiedad.

—Espera, vamos a hacer una cosa antes de levantarte. Aguarda un momento.

Salió de la habitación y al cabo de un instante volvió con un espejo de tocador. Era redondo, de unos diez o doce centímetros, con el mango plateado. Me lo tendió.

—Toma, ya puedes mirarte.

Con las manos vendadas me resultaba muy difícil sostenerlo.

—Dame, ya te lo aguanto yo –dijo mi madre.

—Espera –medio grité.

Estaba sentado, con la cama levantada y el espejo sobre las sábanas encima de mis piernas. Se hizo el silencio, ninguno de los tres osaba decir nada. Cerré los ojos, respiré profundamente y los volví a abrir. En algún momento tendré que hacerlo, pensé.

—Vamos.

Mi madre cogió el espejo, lo levantó lentamente y en ese círculo plateado me vi por primera vez, o al menos una parte de mí. Me conmovió la imagen. Se me nubló la vista y tuve que parpadear varias veces para seguir mirando. No pude ver al monstruo, estaba escondido debajo de las vendas y me sentí aliviado. Además de las manos y los brazos, los hombros y la cabeza estaban totalmente vendados; solo quedaban unos pequeños orificios para los ojos y la boca, y una diminuta ranura a la altura de la nariz para poder respirar. La enfermera que me había vendado, en un acto de ternura, había dejado fuera un pequeño mechón de pelo, justo en medio de la frente. Sobresalía entre las vendas como un pequeño oasis en un inmenso desierto blanco. Si hubiera tenido el pelo de color un poco anaranjado, me hubieran confundido sin lugar a duda con la momia de Tintín.

7

UN CIERVO HERIDO

Verme vendado me impresionó, pero solo eran vendas, en realidad no había visto mis quemaduras, solo el envoltorio. Un mes después del ingreso me quitaron los gruesos vendajes, ya solo cubrían las heridas con Linitul y gasas, y algunos ratos las dejaban al aire para que se fueran secando. En una de esas ocasiones, mientras deambulaba por la habitación, mirando por la ventana los coches que entraban en el párking y la gente que paseaba junto al canal, mi madre me propuso que me mirara de nuevo al espejo. En esta ocasión no dudé. Entré en el cuarto de baño y me enfrenté a mi imagen. El chico que tenía frente a mí no tenía pestañas, se habían chamuscado, la piel de la cara estaba enrojecida y una enorme postilla color rojo oscuro me cubría la barbilla y las mejillas, la zona donde las quemaduras fueron más graves porque las llamas que subían de mi cuerpo impactaron de lleno. No dije nada porque en ese momento no sentía nada, solo una enorme sensación de vacío. No podía pensar, no sabía qué pensar. Me quedé inmóvil observando la imagen de ese ser extraño que me miraba con ojos atónitos desde el otro lado del espejo. Mi madre se acercó:

—¿Qué?

—¿Qué, qué?

—¿Pues que cómo te sientes?

No contesté.

—Hijo, dime algo. ¿Cómo te has visto? ¿Qué sientes?

—Nada.

Ella pensó que no quería hablar. Pero no, esa era la realidad, no sentía nada, ni rabia ni dolor, ni pena ni angustia. No tenía nada que decir.

—Bueno, ya hablaremos cuando tengas ganas. Te irá bien hablar.

—Sí, mejor.

Salí del cuarto de baño y volví junto a la ventana. Unas parejas de patos nadaban por el canal, aparentemente ajenos a todo lo que no fuera el cambio de estación que estaba a punto de llegar.

Tres semanas después dejé el hospital. Me llevaron a casa con la piel rosada y la gran costra en la cara. Al irse secando, y como estaba en un sitio con mucha movilidad, se fracturaba en pequeñas placas, duras y secas por el exterior. Era como una especie de caparazón de armadillo. Al tensionar la piel, me picaba continuamente y tenía que esforzarme para evitar rascarme. Cuando no podía aguantar más, presionaba un fragmento con el dedo hasta que me dolía un poco, y así cesaba el picor. También me quedaba por cicatrizar la mano derecha, en la que me había producido quemaduras profundas cuando había intentado apagarme. Al cruzar la puerta del hospital, después de tantos días convaleciente sin salir de la habitación, el aire fresco de la mañana me acarició la cara. Me parecía estar volando. La felicidad llega sin avisar escondida en pequeños detalles: el abrazo que me dio sor Rosario, nos habíamos cogido cariño el uno al otro, los patos que graznaban en el Canal Imperial, justo frente al hospital. Ya casi olía a primavera.

Me llevaron a casa. Hacía un par de años que nos habíamos mudado a la calle San Vicente de Paúl, a un piso con ascensor y calefacción central, muy cerca del Pilar, justo detrás de la catedral de la Seo. Ya no pasaba el tranvía por la calle, pero desde la ventana de mi habitación se veían unos descampados donde los gatos cazaban ratas y algunos gitanillos con escopetas de balines mataban palomas para la cena de la noche. Me sentía frágil. Los médicos y los hospitales nos proporcionan una sensación de seguridad, que aún en aquellas ocasiones en que puede estar infundada, nunca ponemos en duda porque nos reconforta. Salir del hospital con la piel tierna, sensible y reciente, me generaba un profundo desasosiego. Tenía que dormir boca arriba para no rozar la costra, y al llevarla tan expuesta siempre tenía miedo de que me rozara o se pudiera enganchar y arrancarme un trozo.

Tres veces por semana, por la tarde, me llevaban a hacer las curas. La consulta del doctor Cardona se encontraba en un primer piso de la calle Arquitecto Yarza. La sala de espera era oscura. El escay de los sillones se pegaba a la piel. En una pared colgaba un cuadro con una escena de caza: unos sabuesos atacando a un ciervo. La expresión del ciervo era angustiosa, tenía la boca abierta y parecía emitir un berrido de terror al verse atrapado por los perros. El cuadro me parecía horrible y aún ahora no entiendo qué pintaba un lienzo de agonía y muerte en la sala de espera de un médico. Si no fuera porque no me gusta la sangre, creo que yo hubiera sido un buen médico, empático con los pacientes. Mi sala de espera habría estado llena de cuadros alegres, pero la del doctor Cardona me parecía la antesala del averno.

La rutina de las curas era siempre la misma. Yo llegaba aterrorizado, me sentaba frente al escalofriante cuadro del ciervo agonizante y temblaba hasta que me tocaba el turno. Una vez en su despacho me tumbaba en una camilla, el doctor me arrancaba grandes trozos de costra con unas pinzas metálicas, yo notaba el tirón y luego como un pellizco en la piel. Después me ponía unas gasas empapadas en alcohol y yodo sobre la carne viva recién descubierta. Yo gritaba de dolor y mis padres tenían que sujetarme. El doctor se ponía nervioso. Un día me recriminó mis quejas y me preguntó que cómo teníamos que llevarnos, como amigos o como médico y paciente. Con voz temblorosa le contesté que como médico y paciente, no quería ser su amigo. Se enfadó muchísimo y ese día me hizo más daño que nunca. Aún puedo revivir en mi memoria la zozobra de las tensas esperas en aquella sala. La anticipación del dolor que te desquicia, un día tras otro. La sensación de que tu voluntad se quiebra y solo quieres que aquello acabe. Que acabe de una vez por todas. Aprendí de muy niño lo que era el miedo de verdad. No el miedo súbito, sino ese miedo largo, frío y húmedo, que te impregna los huesos y te va desmoronando poco a poco.

Mis padres le preguntaron un día al médico si no sería mejor llevarme a un especialista. Se ofendió y muy indignado les contestó que él había salvado quemados del ochenta por ciento. Qué prepotente es la ignorancia. La suya me costó un queloide: una cicatriz gruesa como un dedo y deforme que me cubría toda la parte inferior de la cara. Años después me trató en Barcelona un reconocido cirujano estético. Cuando mis padres le explicaban el tratamiento que me habían aplicado, el doctor Planas se llevó la mano a la frente mientras movía la cabeza de lado a lado. Si se hubiera tratado adecuadamente no le habrían quedado prácticamente cicatrices, aseguró. He pensado muchas veces en ello.

Muchas horas de reflexión, de interiorización para aceptar los hechos. Ha marcado mi carácter y me ha dado un sentido de hiperresponsabilidad casi patológico. Me generó una inseguridad enfermiza. ¿Y si me equivoco? La idea de que otros pudieran sufrir las consecuencias de mis errores me bloqueaba.

Fui incapaz de llegar a odiar al doctor Cardona. Seguramente me hubiera ido bien canalizar mis miedos en rabia, pero solo sentí una indiferencia tan oscura que me helaba el corazón. Un desafecto frío, impersonal. Una tristeza tan inmensa como el océano de unos ojos que han perdido todo brillo a fuerza de mirar el infinito. Me lamento de mi incapacidad de odiar como si fuera uno de mis muchos defectos. Me gustaría ser capaz de hacerlo, aunque solo fuera unos minutos, lo suficiente para sentir ese fuego que arrasa y cauteriza. Lo justo para no dudar de mi valor. Para no pensar que soy un ser cohibido que sufre en silencio la injusticia. Para dejar explotar en un instante toda la rabia acumulada mientras esperaba temblando bajo la imagen de un ciervo herido.

8

DE LA EVITACIÓN Y LA LÁSTIMA

TRES MESES DESPUÉS del accidente solo quedaban algunas costras residuales y una capa de piel tierna bajo la que había empezado a crecer el queloide. En las cicatrices queloides se produce un crecimiento exagerado del tejido, que se va engrosando sin control y toma una coloración que va del rojo al morado. La herida se iba abultando y yo me iba convirtiendo en un pequeño hombre elefante. Como ya casi no tenía herida, el médico decidió que ya podía volver al colegio. Aún me sentía muy inseguro y me acojonaba volver al cole. Mis padres me acompañaron el primer día. Fuimos después de comer, a mitad de la jornada. Mis padres tenían que hablar con el director, el hermano Ojeda, y el conserje nos hizo pasar a un despacho. Mientras esperábamos a que llegara vino a buscarme el hermano Alfonso. Se llevó la mano a la calva al verme. Percibí su cara de sorpresa, pero disimuló enseguida.

—¿Cómo está, Tomás? Ya teníamos ganas de que volviera.

—Estoy mejor.

—Claro que sí, hombre. Venga conmigo que le acompañaré a su clase.

Ningún comentario sobre mi herida. Esa sería una constante con la que tuve que convivir muchos años: la evitación. La cicatriz es un tema incómodo y, por lo tanto, no se menciona. El hermano Alfonso podría haber mostrado interés: ¿te duele?, ¿cómo te sientes?, o simplemente lástima: menuda cicatriz te ha quedado, no te preocupes que con el tiempo se irá, lo debes de haber pasado muy mal. Hablar con naturalidad del tema, aunque duela, o justamente para eso, para pasar el duelo. Pero no, actuó como si no hubiera pasado nada, como si yo hubiera llegado tarde hoy después de asistir a las clases de ayer. Ni tan solo una velada mención a mi cara. La evitación. Yo notaba que él evitaba mencionar la cicatriz por miedo a herirme, o porque le resultaba incómodo. Y con ello ponía justamente todo el foco en mi herida. Lo mismo me ocurría con el resto de personas, la gente evitaba hablarme de ello. Enseguida aprendí a leer el lenguaje no verbal de la incomodidad, a distinguir esas miradas que intentaban eludir poner la vista en la cicatriz al tiempo que se sentían atraídas hacia ella, y al final quedaban perdidas en tierra de nadie, hieráticas y extrañas. Me costó años darme cuenta de lo diabólica que resultaba esa evitación. Un tema del que no se habla, un tabú. Resultaba mucho más cómodo, pero al mismo tiempo hacía que en mi interior, de modo subconsciente, se fuera incrustando la idea: esto es malo, es un estigma del que no hay que hablar.

Salí del despacho junto al hermano Alfonso. Yo le seguía a dos pasos de distancia, llegamos a las escaleras y subimos al segundo piso. Un enorme pasillo recorría todo el edificio de punta a punta, con aulas a ambos lados, acristaladas a partir de la altura de la cabeza. Mientras caminábamos yo solo podía ver a los profesores, sentados en la tarima o de pie frente a la pizarra, que se giraban a mi paso. Llegamos a mi clase, el hermano golpeó con los nudillos y entró. Cuando se abrió la puerta todos los alumnos se pusieron firmes junto a sus pupitres, como movidos por un resorte, y saludaron: Ave María Purísima. Sin pecado concebida, respondió el hermano Alfonso. Pidió disculpas al profesor por interrumpir la clase y subió a la tarima. Yo me había quedado rígido en el umbral y me hizo un gesto con la mano. Pasa. Entré y se hizo un silencio sepulcral, podía oírse hasta el roce de los pliegues de la sotana. Nos quedamos los dos de pie frente a la clase. No sabía qué hacer y fijé la vista en un libro que estaba abierto sobre un pupitre de la primera fila. La levantaba para mirar fugazmente a mis compañeros y la volvía a bajar. Chicos, Tomás ha vuelto, espero que lo recibáis con cariño y le ayudéis a recuperar los meses que ha perdido. Nadie le escuchaba, todas las miradas estaban fijas en mí. La clase se llenó de caras que no sabría cómo definir: estupor, conmoción, incluso alguna de asco o repugnancia. Solo se oyó un «hostias» apagado, creo que fue Rodríguez, el hermano le lanzó una mirada de reprobación y de nuevo un silencio opresivo. Lo rompió don Lucio, el profesor de Literatura. Siéntese usted, Tomás, tiene una mesa allá al fondo. Recorrí el pasillo entre dos hileras de compañeros. Algunos me preguntaron cómo estaba. La mayoría parecían confundidos, sin saber qué decir. Siéntense todos, gritó don Lucio con voz aguda antes de reanudar la clase. Tomás, estamos en la página cuarenta y nueve: Cervantes. Era un profesor especial, vestía siempre una americana gastada que le iba dos tallas pequeñas y un peluquín muy evidente, porque ni siquiera era del mismo color del pelo que le quedaba. Cuando se enfadaba nos insultaba gritándonos: ¡jumento, que es usted un jumento, cabeza buque! Nunca nadie me ha insultado de manera más culta. Insultos aparte, don Lucio era aburrido hasta la saciedad. Lo único que le agradezco es que me inició en la lectura de los clásicos. Con él leí a Quevedo, a Lope de Vega y una versión íntegra del *Quijote:* novecientas ochenta páginas. Mi primera clase después del accidente fue una soporífera clase de Literatura.

Más tarde mis compañeros me contaron que el día anterior a mi regreso les habían aleccionado sobre cómo debían comportarse y que no hicieran comentarios inapropiados. Pero hay cosas que no se pueden evitar. Fue la primera vez que tomé conciencia de lo que es sentirse observado, juzgado. De ser el centro de atención cuando tu querrías ser invisible a todos. Sentirse observado es angustioso. Te invade una sensación continua de desnudez. Una de las normas sociales más antiguas es no mirar directamente a otra persona si no estamos hablando con ella. Cuando estamos observando fijamente a alguien y de repente él se da cuenta, instintivamente desviamos la mirada. Me encontré en un mundo poblado de cientos de miradas desviadas. Yo era un niño más bien tímido y me sentía angustiado. Pero lo peor era la lástima. Identificar las miradas de lástima. Pobre niño, ha quedado marcado para toda la vida. Qué horror, qué cicatrices más horribles. Decenas de miradas de lástima que te convierten en un ser desgraciado. La lucha interior constante entre la desesperación y la cólera. La angustia de preguntarme en qué me habían convertido para merecer tanta lástima. El resentimiento que crece y te quema por dentro. Y la rabia contenida que acaba carcomiendo todo tu ser. Tendría que haber gritado muchas veces: ¡No quiero tu puta lástima, te la puedes meter por el culo! Pero no lo hice. Me fui tragando los sapos, creando una costra mucho más dura que la física, una capa de frialdad que me permitiera manejar mis sentimientos.

Después de la clase de Literatura vino la de Ciencias con el hermano Cerrada. Llegó con su clériman, su bata blanca y su caja de tizas de colores, que siempre llevaba encima y usaba para pintar las partes de las flores, los corpúsculos de las células o cualquier otra cosa en la pizarra. Le encantaba dibujar, y especialmente con la tiza rosa, porque decía que se veía mejor. Esto era motivo de mofa entre todos nosotros. Éramos muy hombres y el rosa era cosa de niñas.

A las cinco rezamos un fragmento del rosario, como cada tarde, y se acabaron las clases. Mis compañeros se acercaron a preguntarme. Algunos me aseguraron que después del accidente no habían podido dormir en una semana. Todos recordaban mi imagen corriendo cubierto de llamas. Me despedí en cuanto pude, no tenía ganas de hablar. Mi madre me estaba esperando. ¿Cómo ha ido la clase? Respondí con un lacónico bien y pregunté por la merienda. Chico, ¿eso es todo lo que me cuentas? Tampoco tenía ganas de explicarle nada. Era incapaz de identificar mis sentimientos, estaba confundido y me concentré en el bocadillo de mortadela.

Cuando llegué a casa decidí no seguir con las clases de guitarra. No tenía ánimos para continuar y dadas las circunstancias mis padres no insistieron. Cada vez que en una fiesta alguien saca una guitarra y se convierte en el foco de atención, todas y cada una de las veces, invariablemente, me arrepiento de aquella decisión. Maldigo el momento en que decidí dejarlo y también al hermano Nemesio. Es cierto que quizás hubiera dejado la música aunque no hubiera sufrido el accidente, pero ese es otro de los efectos colaterales de la rabia. Todo lo que me pasa es culpa de lo que me han hecho. Es un bucle que cuesta mucho dejar, porque tu desgracia se convierte en el centro de un pequeño universo interior al que das muchas vueltas, intentando asimilar y aceptar lo que estas viviendo. Intentando entenderte a ti mismo y tus propios sentimientos. No es fácil. Te sientes confundido y desubicado.

En una edad en la que quieres ser parte del grupo, confundirte con el rebaño, eres el diferente. Y has de ser fuerte, eres un hombre, el mismo hombre que dio la vuelta al *mas* una noche oscura y estrellada. Los hombres no lloran. Otra vez el puñetero rol de género que nadie ha pedido y que oprimía aún más mis sentimientos. Los hombres dan la vuelta a la casa sin miedo a las bestias. Había vuelto un chico distinto. Todos mis compañeros seguían igual, yo había cambiado, el que había vuelto era una persona diferente.

No aprendí a tocar la guitarra. Nunca he dejado de arrepentirme de haber perdido la oportunidad de convertirme en guitarrista estrella en una fiesta de cumpleaños. Cada vez que escucho a Paco de Lucía tocar las danzas de Manuel de Falla se me hace un nudo en la garganta y me emociono. Con el tiempo aprendí a odiar al hermano Nemesio, pero he de reconocer que nunca llegué a odiarlo con entusiasmo. El mío era un odio aprendido, casi impuesto.

9

TRESCIENTOS

En el año setenta y cinco, unos meses antes de que muriera Francisco Franco, me pusieron en manos del doctor Jaime Planas. Hacía cinco años que este reputado cirujano había fundado en Barcelona la primera clínica de Europa dedicada exclusivamente a la cirugía plástica y reparadora. La clínica Planas estaba llena de pacientes millonarios de todo el mundo. Mi padre trabajaba en aquella época en Vegé, multinacional distribuidora de alimentación. El dueño de la filial española era don José María, siempre con don, en casa nunca se hablaba de él sin el don delante. Era un hombre afable y barrigudo, tenía la cara y la calva muy rojas y a mí me daba la impresión de que podía explotar en cualquier momento. Era un hombre adinerado y se codeaba con la alta sociedad de Zaragoza, oyó hablar del doctor Planas y se lo contó a mi padre.

Fuimos a Barcelona para una primera visita. Después de esperar un rato, una secretaria nos hizo pasar al despacho del doctor. Era enorme, con las paredes forradas de madera, estaba lleno de esculturas de bronce que me parecieron muy elegantes, y en un rincón había un globo terráqueo que me fascinó. Yo también tenía un globo terráqueo, pero el mío era de plástico y este era de madera. Parecía muy antiguo y sobre los océanos había pintados barcos de vela y unos monstruos marinos, mitad serpiente, mitad dragón. El doctor nos recibió detrás de una enorme mesa de madera noble. Lucía un cuidado bigotillo blanco que destacaba sobre su cara estrecha. Aunque era delgado, desprendía un aura de firmeza. Como era un gran experto en quemados, había decidido llevar personalmente mi caso. Yo estaba sentado a un lado de la mesa y escuchaba cómo mis padres le contaban el accidente y los tratamientos que me habían aplicado. Había oído tantas veces a mis padres contando lo que me había pasado que ya me aburría, y después solían venir las exclamaciones del amigo o pariente de turno, casi siempre del tipo: pobre, qué mal lo has tenido que pasar. Pues sí, señor o señora, lo he pasado muy mal, pero no necesito que me lo recuerde.

Yo iba mirando el mapamundi. Había leído hacía poco *Los viajes del Capitán Cook* e intentaba localizar la isla de Tahití mientras el doctor Planas escuchaba con los ojos abiertos como platos mientras tomaba notas con una pluma en un cuaderno de tapas negras.

—Madre mía. ¡Qué barbaridad! –exclamó.

Y al cabo de un momento:

—Pero ¡cómo han podido hacerle eso!

Mientras oía el relato de mi padre me venían a la memoria imágenes de las esperas debajo del cuadro del ciervo agonizante. Qué diferente era este despacho lleno de luz del antro oscuro en el que me habían hecho las primeras curas.

—¿Podrá hacer algo, doctor? –preguntó expectante mi padre.

—Hay que estudiar el caso, pero seguro que algo podremos hacer.

El médico se levantó, rodeó la mesa y se acercó a mí.

—¿Te gusta el globo?

—Sí, es muy bonito.

—Ya me he fijado que lo mirabas mucho. A ver, Jaime, déjame que te vea un momento. Acércate a la ventana para que te dé la luz.

Me puse de pie junto a la ventana y Planas levantó ligeramente la cabeza para mirar por debajo de las gafas mientras me palpaba la cara. Noté la presión en la carne dura y apretada que crecía sobre mis mejillas.

—Tienes una cicatriz queloide en toda regla. —Y dirigiéndose a mis padres añadió—: La lástima es que no lo hubieran traído aquí justo después del accidente. Con el tratamiento adecuado casi no le hubieran quedado marcas.

Me entraron ganas de llorar. Habría preferido que no me lo hubiera dicho y me habría ahorrado la rabia y la impotencia. Decidieron operarme en julio, para que no perdiera clases en el colegio. Mientras tanto, para retrasar el crecimiento del queloide, el doctor nos habló de un plástico especial, un polímero que se podía moldear con calor para darle la forma de la cara y aplicar después presión sobre la cicatriz. El problema era que no se podía conseguir en Europa.

Volvimos a casa. Un viaje largo y aburrido de cinco horas por carreteras con curvas que me mareaban. Antes de entrar en Zaragoza parábamos siempre en el Hostal del Ciervo para poner gasolina y yo me acercaba al cercado donde durante muchos años tuvieron una pareja de ciervos cautivos. El macho tenía una bonita cornamenta y los ojos tristes. Solo tenían unos pocos metros para moverse. Mi padre se empeñó en conseguir las placas que había mencionado el doctor Planas. La ayuda de don José María fue de nuevo providencial. Vegé suministraba las provisiones de la base aérea de los Estados Unidos en Zaragoza. Don José María era muy amigo del comandante de la base.

Un día mi padre llegó a casa sonriendo.

—Una buena noticia. Van a traer a Zaragoza dos planchas del polímero que quería el doctor Planas —dijo mi padre—. Las enviarán a la base de los Estados Unidos en unos bombarderos.

—Ostras. ¿En un bombardero? ¿En un B-56?

—Eso ya no lo sé, hijo.

Me imaginé las placas viajando en una fortaleza volante como las que había visto en las películas, con sus ametralladoras de cabeza y de cola, y la cúpula de cristal con dos ametralladoras más en el lomo. A veces jugaba dibujando bombarderos y soldados en una cuartilla, después hacía una batalla: cerraba los ojos y dibujaba con el boli cinco puntos al azar, eran los puntos donde impactaban las bombas o los proyectiles antiaéreos, según el turno. Luego abría los ojos y dibujaba las explosiones y las llamas donde había puesto los puntos y así hasta que uno de los bandos quedaba aniquilado. Hoy en día quizás me hubieran llevado al psicólogo, pero entonces no le preocupaba a nadie y el hecho de que las placas volaran en un bombardero me parecía alucinante.

En cuanto llegó el material se lo enviamos al doctor Planas, que se sorprendió mucho de que las hubiéramos podido conseguir tan rápido. Volví a Barcelona y me construyeron una especie de máscara que se adaptaba a mi cara. Me tuvieron en una camilla mientras calentaban la placa con una lámpara de infrarrojos, le daban forma y me la iban probando. Estaba muy caliente y yo protestaba porque me quemaba la piel. Era la primera vez que usaban este polímero y por los comentarios que hacían deduje que me había tocado ser el conejillo de indias. Solo tenía ganas de que acabaran de una vez. Cuando dieron por concluido el proceso, dejaron enfriar la máscara antes de probármela. El plástico había perdido el tacto cálido y hasta cierto punto blando, ahora estaba frío y duro como una piedra, era como una careta de hierro sujeta con unas fuertes gomas por detrás de la cabeza. La primera vez que la usé mucho tiempo lo pasé muy mal. Era como tener una segunda mandíbula que presionaba sobre la primera. Por las noches y siempre que estaba en casa, tenía que llevar esa cosa, pero me negué a salir a la calle con ella. Ni siquiera mis padres podían decirme que no pasaba nada, que nadie se fijaría. Hubiera sonado a broma de mal gusto. Hay verdades tan evidentes que te dejan sin palabras y es mejor no decir nada. Cuando muchos años más tarde vi *El silencio de los corderos,* contemplar la máscara que le habían puesto a Hannibal Lecter fue como un mazazo que me trajo recuerdos de mi niñez. Excepto la reja en la boca se parecía demasiado a la que llevé yo. Apretaba mucho, también me molestaba en las orejas y después de llevarla una hora me dolía todo. La odiaba, habría querido destrozarla en mil pedazos.

Poco a poco me fui acostumbrando a soportar la molestia y el dolor, y al final dormía con ella. Tenía que dormir boca arriba para que los ángulos no se me clavaran en las orejas y por las mañanas tenía que sacármela con cuidado: se quedaba tan pegada a la piel que me dolía si me la quitaba rápido, era como arrancarse un esparadrapo. La máscara tenía unos agujeros para que transpirara un poco y durante la noche me quedaban marcados en la piel, como pequeñas verrugas abultadas repartidas regularmente por las mejillas. Me pasaba la mano por la cara y notaba los bultitos, tenían una consistencia dura y tardaban un tiempo en desaparecer. Era un suplicio. Cuando llegó el calor, la careta me hacía sudar un montón. El polímero quedaba impregnado de un olor acre que todavía recuerdo perfectamente.

Fueron unos meses de doble condena. Cuando salía a la calle me sentía expuesto a las miradas de todo el mundo, cuando llegaba a casa y podía relajarme, tenía que ponerme ese instrumento de tortura de eficacia dudosa.

Fueron unos meses de espera en los que, aunque procuraba no darle muchas vueltas a la operación, me resultaba inevitable. Me inquietaba pensar en cómo me iban a quitar toda esa masa de carne. Me imaginaba sin el queloide y sin tener que llevar la máscara, pero intuía la dificultad de la operación. La cicatriz era muy grande.

Por fin llegó julio y volvimos a Barcelona. Me instalé en una habitación de la clínica, un edificio de obra vista, construido en ladrillo rojo y rodeado de jardines que inspiraban paz y tranquilidad. Mi padre solo estaría un par de días, después mi madre se quedaría en la clínica conmigo. Llegamos el mismo día de la operación por la mañana, muy temprano. La intervención sería a primera hora de la tarde, pero como la zona afectada era alrededor de la boca querían controlar que estuviera en ayunas. El doctor Planas pasó a media mañana. Yo estaba empezando a ponerme nervioso.

—Bueno, Jaime. Ya ha llegado el día. ¿Nervios?

—Un poco.

—Un poco bastante –apuntó mi padre.

—Es normal, no te preocupes. Voy a explicarte lo que te haremos. ¿De acuerdo?

Siempre he sido muy aprensivo para los temas médicos, así que contesté que sí porque no veía otra opción, aunque en verdad no quería saber lo que me iban a hacer.

—Mira, primero te quitaremos todo el queloide y dejaremos la zona limpia. Luego te sacaremos piel del muslo, porque necesitamos un trozo grande, y te la implantaremos en la cara.

Pasé de los nervios al miedo. ¿Cómo me iban a cortar la cicatriz? Era muy ancha y el moflete era estrecho ¿Y si se pasaban y me cortaban un trozo de la mejilla y hacían un agujero?

—Pero ¿cómo lo van a cortar el queloide? Es muy fino y se puede doblar –conseguí preguntar.

—Es que no vamos a cortar, lo vamos a ir raspando.

—¿Con qué?

No pude evitar que me viniera a la cabeza el papel de lija del doble cero que usábamos en manualidades cuando hacíamos marquetería.

—Es un aparato parecido al que usan los dentistas, una rueda que gira y va raspando. Pero más lenta, porque no queremos cauterizar la herida.

Esto ya era demasiado para mí, tenía un nudo en el estómago. Me salvó la pregunta de mi padre, preocupándose por los aspectos prácticos.

—Doctor, ¿cuánto tiempo estará en el quirófano?

—Es difícil de decir. Prevemos que entre cuatro a seis horas, pero según cómo vaya podemos tardar más. Y después lo tendremos abajo hasta que despierte de la anestesia. Empezaremos a las dos, luego pueden irse, coman tranquilos y cuando vuelvan ustedes no se preocupen, aunque tarde mucho en subir.

Cuando el doctor se marchó aún faltaban más de dos horas para la operación. Yo ya no sabía qué hacer, daba vueltas de un lado a otro, salía al pasillo y lo recorría hasta un ventanal desde donde se veía el jardín. Volvía, me sentaba e intentaba ver la televisión hasta que notaba una extraña tensión detrás de las rodillas. Me volvía a levantar, volvía a salir y recorría de nuevo el pasillo en un ciclo sin fin. Mis padres intentaban tranquilizarme. ¿Quieres leer? ¿Quieres jugar a cartas? Pero aún me ponían más nervioso, prefería que nadie me hablara. Finalmente vinieron a prepararme. Me desnudaron, me hicieron acostar en una camilla, me taparon con una sábana verde y un camillero me llevó abajo. Estaba asustado, era la primera vez que me operaban y por un momento pensé que, si no me despertaba, ese sería el último día de mi vida, que habría pasado mis últimas horas deambulando en ayunas por el pasillo de una clínica de Pedralbes. Mis padres me acompañaron hasta el sótano, mi madre me cogía la mano y no conseguía disimular su nerviosismo. Se despidieron a la puerta del quirófano. A partir de ahí me encontré solo, en un mundo hostil de extraños olores y color verde. Hacía mucho frío. Yo temblaba y me aferraba a la sábana que me cubría retorciendo la tela entre mis dedos hasta que se acercó una enfermera y me habló cariñosamente.

—Venga, valiente. Vamos a prepararte, voy a ponerte una vía, ¿verdad que no tienes miedo? Será solo un pinchacito, no lo vas ni a notar.

En ese momento yo era un valiente cagado de miedo. El tacto cálido de su mano me confortó.

—A ver cómo está esa vena –continuó–. Relaja la mano, no la pongas tensa. Aguanta la respiración. Ya está. ¿A que no te ha dolido?

Hablaba sin parar y yo no tenía claro si prefería que hablara o que se callara. Solo quería continuar sintiendo el tacto de su mano. Entonces entró otro médico.

—Jaime, ¿cómo estás, chaval? Soy el anestesista, vamos a dormirte. Te pondré una boquilla y cuando yo te diga cuenta hasta diez.

Casi sin darme tiempo a pensar me colocó una mascarilla y noté un olor extraño, dulce y metálico a un tiempo.

—Ahora cuenta hasta diez.

Uno, dos, tres, cuatro, luego la nada.

Estuve casi seis horas en el quirófano. Cuando desperté tenía mucha sed y una sensación extraña en la garganta. Aún estaba en la sala de operaciones, bajo unos enormes focos, cuando el anestesista me preguntó:

—Te estas despertando de la anestesia, no te asustes, ¿me oyes?

Asentí con la cabeza.

—Es posible que te encuentres mareado las primeras horas, pero es normal.

Me llevaron a una sala en penumbra y entré en un estado de duermevela, un sopor del que me iba despertando de tanto en tanto. Seguía haciendo mucho frio.

En uno de mis despertares me encontré ya en la habitación. Mis padres estaban al lado de la cama. Los miré sorprendido, tratando de ubicarme aún. Los dos sonreían, parecían contentos. Mi madre me cogió de la mano y me acarició el brazo.

—Ya está, Jaime. Ya te han operado.

—El doctor ha dicho que ha ido muy bien –añadió mi padre–. ¿Cómo te sientes?

Intenté hablar, pero no podía. Se acercó una enfermera.

—No intentes hablar. Notarás la garganta irritada, es por el tubo que te han puesto durante la operación. Procura no mover las mandíbulas ni tocarte la cara. Tampoco te toques la pierna, que es de donde hemos sacado la piel.

Asentí levemente y musité:

—Agua.

—Hay que esperar, Jaime. Sería muy peligroso que vomitaras. Tienes un gotero puesto que te quitará la sed.

Las primeras horas fueron terribles, tenía la boca reseca, la garganta irritada y la sensación de sed era insoportable. Cada vez que pedía agua me decían que tenía que esperar. Me imaginaba un explorador muriendo de sed en el desierto, debía de ser una muerte espantosa. Por la noche me humedecieron los labios con una esponja y pude beber unas gotas. Cerré los ojos para deleitarme en ellas. Por unos segundos disfruté de esa alegría que hay escondida en las cosas cotidianas y que somos incapaces de apreciar hasta que nos faltan. La felicidad de una esponja sobre unos labios resecos y unas pocas gotas de agua. Estaba mareado y aproveché para dormirme de nuevo.

A la mañana siguiente pude verme mejor. Mi madre me acercó un espejo, me habían vendado otra vez toda la cabeza, me recordaba mi aspecto de momia el día del accidente, y esta vez también me habían vendado la pierna, de donde me habían sacado un buen pedazo de piel. A medio día pasó el cirujano para interesarse por mi estado.

—No tienes que hablar ni mover las mandíbulas, es importante que el injerto esté lo más inmóvil posible para que agarre bien.

Durante doce días no pude mover la cara. Tenía que hablar lo mínimo y me compraron una libreta cuadriculada para que pudiera escribir lo que quería. Solo ingería líquidos con una pajita y no podía levantarme más que para ir al baño. Tenía una sensación permanente de hambre. Sin poder hablar ni levantarme, me aburría como una ostra. La libreta era una solución para necesidades básicas, pero no servía para mantener una conversación. Pensé en los frailes de la Cartuja del Aula Dei, cerca de Zaragoza. Mi padre me había contado que los monjes que había allí habían hecho voto de silencio, y que solo el prior podía hablar. Me parecía un castigo horrible. Yo era como un cartujo, tampoco podía hablar ni salir de mi celda. Me hubiera encantado ir a visitar Barcelona, era una ciudad que me gustaba: subir otra vez a la carabela *Santa María,* que estaba amarrada en el puerto, y visitar el castillo de Montjuïc para ver los enormes cañones. Como no podía hacer otra cosa me leí las obras completas de Julio Verne que me habían regalado mis padres previsoramente. Eran dos tomos de mil páginas cada uno en una bonita edición de cubiertas rojas con el filo de las páginas dorado. Me encantó *Viaje a la Luna* y *Veinte mil leguas de viaje submarino*. Viajar en el *Nautilus* era una forma de escapar de la habitación. Mi madre me hacía compañía y de vez en cuando salía a pasear por las tranquilas calles de Pedralbes para airearse y disipar su angustia. Aún no sabíamos el resultado final de la operación. Mi madre llegaba hasta el monasterio para rezar por mí, siempre ha sido muy creyente. Una semana después de la operación llegó el momento de quitarme por primera vez las vendas y ver el resultado. Un enfermero vino a buscarme, de nuevo el mismo ritual, camilla, sábana verde y el ruido de las ruedas cuando me llevaban por el pasillo. Yo iba mirando al techo para no pensar. Hoy se sabría el resultado de la operación y yo no quería imaginar nada, solo dejar la mente en blanco y esperar mientras mi estómago parecía flotar en el vacío.

—Ánimo, hijo –me despidió mi madre.

Me bajaron a una sala de curas, noté ese olor penetrante, mezcla de alcohol y desinfectante, típico de los quirófanos. De nuevo el frío. Un nutrido grupo de médicos y residentes me rodeaban con caras expectantes. Me colocaron junto a una mesa en la que había una bandeja con diferentes tipos de tijeras, pinzas y otros útiles que yo no había visto antes. Encendieron unos potentes focos sobre mi cabeza. El doctor cogió unas tijeras en ángulo que me parecieron muy extrañas y empezó a cortar las vendas, yo podía oír cada chasquido y el sonido de las vendas al rasgarse. Notaba cómo disminuía la presión en mis mejillas. Luego el médico cambió a otras tijeras más pequeñas y una especie de espátula. Cada vez que dejaba una herramienta el sonido metálico contra la bandeja resonaba por toda la sala. Finalmente tomó un par de pinzas para levantar las últimas gasas. Tuve miedo de que la piel del injerto no se hubiera agarrado bien a la carne y me la arrancaran pegada a la venda. Se me aceleró la respiración. Cerré los ojos y me agarré con fuerza a los bordes de la camilla.

—Estate tranquilo, no te va a hacer daño.

Una enfermera me dio la mano, sus dedos eran cálidos en el frío de la sala. Cerré los ojos y procuré pensar en otra cosa para evadirme. Al cabo de unos segundos sentí el aire fresco sobre la cara, fueron separando con cuidado la última gasa y acercaron los focos para examinar mejor la herida. Abrí los ojos. El doctor Planas esbozó una sonrisa bajo su bigotillo blanco.

—Esto está muy bien. Fíjense en la coloración de la piel.

Me tocó la cara con cuidado. Fue una sensación extraña, sentí la presión, pero no noté el tacto de sus guantes.

—A ver, abre un poco la boca.

Abrí la boca con miedo.

—Muy bien. ¿Te tira de algún sitio?

Asentí preocupado. ¿Era una mala señal?

—Puedes hablar.

—Sí, me tira. ¿Es normal?

—No te preocupes, son los puntos, ¿sabes cuántos te hemos puesto?

—No.

—Doscientos noventa y seis.

No esperaba un número tan grande y tardé un poco en contestar.

—Por cuatro más podría haber llegado a los trescientos.

—¿Y para qué quieres más puntos?

—Trescientos es un número redondo.

El doctor sonrió.

—Ya no cabían.

Mientras me examinaba iba hablando a los médicos que le acompañaban. Era como estar en la pista de un circo rodeado de público. Me sentía cohibido. ¿Para qué habían venido tantos médicos? El doctor seguía hablando.

—Hemos puesto tantos puntos para que el injerto no se moviera nada, ya que estaba es una zona angulosa y con movilidad, y también para reducir el tamaño de la cicatriz.

—¿Y los hematomas, doctor?

—Son normales, se reabsorberán. Lo importante es que no se ven embolsamientos.

Señaló un par de zonas de la cara.

—Aquí y aquí hemos hecho un par de incisiones para corregir la curvatura de la piel, y la forma de la mejilla ha quedado bien. Cuando ustedes operen se encontrarán que cuando están raspando, con la herida abierta, es difícil valorar hasta qué profundidad han de retirar tejido.

Yo me mareaba solo de oírle. Afortunadamente no entendía muchos de los términos médicos que utilizaba. Luego me limpiaron la herida con suero y me volvieron a vendar. Me subieron de vuelta a la habitación. El doctor Planas llegó unos minutos después para informar a mis padres. Todos estaban contentos. Todos menos yo, que no sabía qué pensar.

La intervención había sido extremadamente complicada, no era habitual eliminar queloides tan extensos. Fue la primera y la más compleja de las cuatro operaciones que me hicieron en la clínica Planas. La habían filmado y unos meses más tarde, cuando ya estaba recuperado, me pidieron autorización para presentarla en un congreso internacional. Les dije que sí y mis padres firmaron la autorización.

—Por supuesto, si quieres puedes verla tú también.

Estuve a punto de contestar: ¿Usted está loco o qué? Pero me limité a un lacónico:

—No, gracias.

10

TOMA Y MUERDE

UNA SEMANA DESPUÉS de la cura me dejaron comer por primera vez. Habían cocinado caldo y me trajeron el codillo que habían echado a la olla. La carne se deshacía y prácticamente no era necesario masticar. Me supo a gloria, es el mejor plato que he comido nunca. Mi madre cortaba pedazos y los deshilachaba antes de dármelos. Yo apretaba cada hebra de carne contra el paladar, saboreando el gusto suave, notando el calor en la lengua y el olor a caldo. Me daba miedo masticar y lo hacía muy lentamente. Desde entonces la carne del codillo en la sopa es uno de mis platos preferidos. Al cabo de unos días me dejaron salir de la habitación. En el mismo piso estaba un hijo del doctor Planas. Se llamaba Jorge, era solo un poco mayor que yo, pero bastante más alto. Nos juntábamos en una habitación para charlar un rato y ver la tele. Le habían operado del escroto.

—El escroto, ¿y eso qué es?

—Es la bolsa que sostiene los testículos.

—Ah, no lo sabía. ¿Y qué te han hecho?

—Me han operado para hacerme bajar los huevos.

—¿Y por qué? ¿No los tenías fuera? –pregunté encogido.

—Sí, pero no lo bastante. Se ve que los testículos han de estar a una temperatura más baja que el cuerpo para producir espermatozoides, si no bajan lo suficiente no funcionan bien y puedes tener problemas de esterilidad.

Me daba grima solo de pensar en una operación en un sitio tan sensible, así que después de aquella clase de anatomía nos pusimos a ver la tele. Estaban emitiendo un programa de la humorista Mary Santpere. Era muy divertido, pero yo no podía reír porque se me movían los puntos y él tampoco porque al reírse le dolía mucho la herida en los genitales, así que estuvimos todo el programa encendiendo y apagando la tele. Nos calmábamos, nos jurábamos que íbamos a aguantar sin reírnos, volvíamos a poner el programa y a los tres minutos Jorge estaba carcajeándose al tiempo que gritaba de dolor y yo riendo asustado pensando que se me saltaría la piel de las mejillas. El humor es una gran medicina.

A los quince días me destaparon de nuevo la herida. Me bajaron otra vez a la sala de curas para quitarme los puntos. Cada punto era la misma rutina, un pequeño tirón con la pinza, el clic de la tijera al cortar y la sensación de un pellizco cuando estiraban para sacarlo. No era un dolor insoportable, pero repetido una vez tras otra me puso nervioso y el dolor se magnificaba. Anticipaba cada nuevo pellizco y después de sacarme unos cien puntos tuvieron que sedarme. Dos horas después consiguieron dejar limpia la cicatriz. Me dejaron la cara descubierta y cuando llegué a la habitación me levanté de la camilla, me acerqué a un gran espejo que había frente al armario y me enfrenté a mi imagen. Vi mi nuevo rostro por primera vez. Es curioso, cambiar de rostro es un poco como dejar de ser tú mismo y convertirte en otro.

Aunque nuestra esencia, lo que nos caracteriza, es nuestra mente, nuestra forma de pensar y de sentir, nuestra imagen es también una parte integrante de nosotros mismos que hasta cierto punto llega a condicionar cómo somos. Allí frente a mí, en el espejo, conocí a la nueva persona que iba a ser yo de ahora en adelante. El queloide había desaparecido, mi cara había cambiado completamente. Tuve una reacción contradictoria. Aunque ya no tenía la abultada cicatriz de antes, en mi imaginario me había hecho a la idea de que se notaría menos. Mis mejillas estaban cubiertas por una piel de aspecto extraño, más áspera y rugosa que en el resto de la cara, pálida y aún plagada de hematomas y algunas escamas. Mis padres tuvieron que animarme cuando vieron mi reacción: el doctor ha dicho que con los años se igualará la coloración. No contesté. En aquella época ya me había convertido en un hombre frío, poco dado a mostrar mis sentimientos. Ejercer tantos meses de pequeño monstruo me había curtido rápidamente.

Después de quitarme los puntos los médicos dijeron que no era necesario permanecer en la clínica. Aún tenía la herida en el muslo. Un enorme boquete de unos veinticinco por quince centímetros de donde habían sacado la piel para ponérmela en la cara. La habían recubierto de un nuevo material, algo parecido a una gasa, que se iría levantando por los extremos conforme fuera creciendo la nueva piel. Tenía el mismo aspecto que una gran costra y a mí me daba dentera, pero acabé acostumbrándome a ella.

—Pueden hacer lo que quieran –dijeron los médicos–. Si se encuentran más seguros aquí pueden quedarse, pero si prefieren ir a su casa y volver para las revisiones, no hay ningún problema.

—¿Y la gasa que lleva sobre la herida de la pierna? –preguntó mi madre.

—No se preocupe, solo tienen que ir recortando con una tijerita los bordes conforme se vayan levantando.

No me gustaba para nada esa idea de ir recortando los bordes cuando se levantaran, era como ir recortando una costra, pero estaba ya harto y pedí que nos fuéramos. Al día siguiente hicimos las maletas.

Cuando se enteró de que me marchaba, subió María, una enfermera bajita y delgada, de mediana edad, con el pelo casi negro, que me había cuidado esas tres semanas. Como en agosto no había casi nadie en la clínica, María tenía poco trabajo y muchos días subía a hablar y desahogarse con mi madre. Salían a hablar al pasillo, pero, por lo que llegué a entender, parece que no había tenido mucha suerte en su matrimonio. No tenía hijos y me tomó mucho cariño. Al mediodía me sacaba a pasear por un pasillo lleno de ventanales, decía que era bueno que me diera el sol. Yo me apoyaba en ella cojeando porque me dolía la herida de la pierna y paseábamos arriba y abajo hasta la hora de comer. El día de mi marcha me abrazó con los ojos llenos de lágrimas y consiguió que me emocionara. Yo también le había tomado afecto. Mi madre se unió al coro y acabamos llorando los tres.

Salimos después de comer y el viaje de vuelta a casa en coche fue largo. Yo iba sentado detrás, con la pierna estirada sobre el asiento. Paramos en Mequinensa para recoger a mi hermana, que se había quedado con mis abuelos y a visitar a mis tíos. Todos alabaron el resultado de la operación, pero yo seguía decepcionado. No decía nada porque no quería entrar en discusiones y sobre todo porque no quería que intentaran animarme. Pensaba que todo lo decían para que yo me sintiera bien y cuando lo hacían me sonaba a falso y me sentía peor aún. Prefería que no hicieran comentarios, que no me preguntaran, que se olvidaran de mí. Necesitaba encerrarme en mí mismo un tiempo, asimilar ese nuevo yo, la persona que había conocido hacía unos días en el espejo y que no era la que yo esperaba. Al día siguiente con-

tinuamos hasta Zaragoza. Llegamos a casa a media tarde. Nada
más abrir la puerta me sentí mucho mejor. Ya no olía a clínica
ni a desinfectante, olía a mi casa. Allí tenía mis libros, mi cama,
mis juegos. Me sentía más seguro. Los médicos me habían dicho
que estuviera todo el tiempo posible con la extremidad levantada, así que me pasaba el día sentado en el sofá en calzoncillos
con la pierna sobre los cojines. El calor era sofocante. La piel me
quedaba pegada al respaldo negro de escay. Algo fue mal. Cada
día miraba si se había levantado algo de la gasa que tenía sobre
la herida para recortarlo, pero en vez de levantarse hacia afuera
como se suponía, la gasa se dobló hacia adentro. Parecía que los
extremos quisieran clavarse en mi pierna.

Al cabo de unos días la herida empezó a supurar. Estaba leyendo *Los cipreses creen en Dios*, cuando noté un cosquilleo que
recorría mi muslo. Levanté el libro y vi una gota espesa y ama-
rillenta que resbalaba lentamente por mi piel. Era pus. Había
salido de debajo de la gasa por una pequeña grieta que se había
formado en el borde. Pensé que la herida debía haberse infecta-
do y la idea no me gustó nada. ¿No había tenido ya suficiente?
¿También tenía que pasarme eso? Al principio las gotas salían
muy espaciadas, pero en los dos días siguientes la frecuencia fue
aumentando. Me entretenía cronometrando el tiempo entre gota
y gota. Cinco minutos, cuatro minutos. Las recogía con una gasa
que se iba tiñendo de amarillo y cogiendo un olor nauseabundo.
Mis padres llamaron al doctor y nos hicieron volver con urgencia
a la clínica. Hicimos de nuevo el aburrido viaje hasta Barcelona
y nada más llegar me hicieron pasar a una consulta junto con
mis padres. Yo estaba tumbado en una camilla sobre una sábana
blanca. Un médico se acercó y empezó a examinar la herida, levantando con unas pinzas y sumo cuidado los bordes de la gasa.
Al poco se volvió hacia mi madre y le preguntó.

—Señora, ¿tiene usted un pañuelo limpio?

—Sí, doctor.

—¿Me lo presta?

Ella buscó en el bolso con cara de sorpresa y le alargó el pañuelo. El médico lo plegó y lo enrolló cuidadosamente hasta formar un churro. Me temí lo peor.

—Toma, muerde.

—¿Qué va a hacer? –pregunté presa del pánico.

—No te voy a anestesiar para esto.

—Pero… –quise protestar.

—Será mejor que muerdas, te ayudará.

Me puse el pañuelo en la boca y les pidió a mi padre y a una enfermera que me sujetaran. Yo quería huir de allí. Mordí el cilindro de tela con todas mis fuerzas y noté el tremendo tirón. ¡Zas! Grité, un aullido animal ahogado por el pañuelo.

—Ya está, tranquilo. Lo peor ha pasado, ahora vamos a curarte.

Me limpiaron y desinfectaron la herida, la cubrieron de nuevo. Cuando me levanté miré la camilla, la sábana estaba sucia de sangre y pus. Yo aún temblaba. Me volvieron a internar, tendrían que intervenirme y hacer un injerto sobre la zona para hacer crecer la piel.

Esta vez me operó el doctor Tapia, que por aquel entonces formaba parte del equipo de Planas. En esta intervención me sacaron piel del otro lado del muslo, le hicieron cortes para convertirla en una especie de redecilla, como las de las bolsas de naranjas, y después de estirarla la implantaron sobre la zona donde me habían arrancado la gasa. Pero no solo eso, para mi sorpresa, me circuncidaron. Mi estupor fue mayúsculo cuando desperté de la anestesia. El doctor estaba en la habitación.

—Jaime, ya estás operado. Ha ido todo bien.

Yo aún estaba medio dormido y no dije nada.

—No te asustes, estás sondado. Aprovechando que trabajábamos por la zona te hemos operado de fimosis.

No acerté a contestar. Cuando el médico marchó y ya estuve más despierto, les pregunté a mis padres.

—¿Qué ha dicho de una sonda?

—Te han operado de fimosis.

No entendía nada.

—¿Qué es eso?

—Te han quitado la piel del prepucio.

Me desperté de golpe. Levanté las sábanas y comprobé que tenía el pene vendado y el tubo de la sonda salía de los vendajes.

—Pero ¿cómo me han hecho esto?

—Bueno, es una operación que previene infecciones de mayor.

—Pero ¿cómo han podido operarme de esto sin avisarme antes?

Mis padres me juraron que no sabían nada, que mientras operaba el doctor había visto que tenía fimosis, y cuando acabó con la pierna siguió con el pene mientras los asistentes terminaban con los puntos. Nunca les creí y me enfadé muchísimo, pero ya no había vuelta atrás. Lo importante es que esta vez el nuevo injerto funcionó bien. La piel creció en las dos zonas, donde me habían sacado la piel para el primer injerto y en donde me la sacaron para regenerar la primera herida. Esta vez solo me pusieron una cincuentena de puntos. Ahora tengo una cicatriz a cada lado del muslo, la más grande con unas bonitas líneas diagonales dibujando rombos, y el prepucio repelado. Otras muescas más a añadir a mi lista de parches.

11

HONOR Y DISCIPLINA

DESPUÉS DEL VERANO me había recuperado de la operación y los médicos me permitieron volver al colegio. Aún cojeaba un poco debido a los dos meses que había estado casi sin mover la pierna. Intentaba andar despacio para que se notara lo menos posible, ya tenía suficiente con que me miraran la cara como para que se rieran también de mi cojera. Algunas veces me preguntaba qué habría hecho para que todo me saliera tan mal en mi vida: miope y gafotas desde pequeño, me ponen en primera fila justo el día en que se incendia la botella de alcohol, un médico inepto me convierte en un pequeño monstruo, la gasa sobre la herida se dobla al revés y me provoca una infección. Es cierto que si no me hubieran alcanzado a tiempo podía haber muerto abrasado, y que no me quedé ciego de milagro porque las gafas pararon el chorro de alcohol ardiendo sobre mis ojos, pero esto me parecían nimiedades, me negaba a tener que escoger entre lo malo y lo peor, a aceptar mis desgracias porque hubiera otras posibilidades mucho más horribles que no habían llegado a suceder. Me niego.

El «podía haber sido peor» no me sirve. Dicen que quien no se consuela es porque no quiere, qué gran mentira, qué enorme engaño. Siempre habrá alguien que esté peor. ¿Y? ¿Eso me va a restar un ápice de angustia? ¿He de alegrarme de las desgracias ajenas para soportar mejor las mías? Esto no me sirvió nunca. Cuando me sentía diferente, cuando quería pasar desapercibido, me importaba una mierda que pudiera haber alguien peor que yo. En esos momentos era yo y ahora, y solo quería que me tragara la tierra.

Me habían prohibido hacer gimnasia ni cualquier otra actividad en la que pudiera producirse un contacto físico con la cara o la pierna. La piel de los injertos todavía estaba muy tierna y había que evitar cualquier posibilidad de desgarro. No me importó mucho. No me gustaba la gimnasia.

Mi piel era la misma, pero cambiada de sitio. Me tocaba las mejillas y las notaba blandas, como si debajo tuviera una capa de gel en vez de carne. Era una sensación muy extraña. El médico insistió tanto en que evitara cualquier contacto físico que me obsesioné con ello. Salir al patio me generaba una ansiedad atroz. A la hora del recreo tenía que salir por fuerza y cada vez que tenía que atravesarlo intentaba hacerlo pegado a la valla de los jardines por miedo. Cada vez que se acercaba una pelota me giraba y me cubría el rostro con los brazos, horrorizado con la idea de que me pudieran dar un pelotazo. No podía hacer gimnasia, ni jugar al fútbol y mucho menos a burro va ni a cualesquiera de los otros juegos con los que nos entreteníamos los niños asilvestrados de mi época. Eran juegos un poco bestias, pero que veíamos con normalidad. Aun no entiendo cómo consiguió sobrevivir mi generación: patinábamos sin rodilleras, íbamos en bici sin casco y los columpios eran planchas de hierro que abrían unas brechas rectas y limpias en la frente al menor descuido. Yo quedaba excluido de esos juegos. Mientras había pelota mis compañeros jugaban al fútbol, y cuando se pinchaba o se colgaba se iban a jugar a burro va. A mí solo me quedaban las canicas, a las que jugábamos algunos niños en un rincón del patio donde crecía un inmenso platanero cuyas raíces habían agrietado el pavimento. Aprovechábamos las grietas para excavar con pequeñas navajas los agujeros que utilizábamos como guas. Jugábamos con canicas de vidrio con unas incrustaciones de volutas de colores. Los más afortunados tenían alguna chiva de acero, que conseguían de los rodamientos de los cojinetes y que enviaban tu bola a tomar viento. Había que completar todos los golpes: chiva, chivica, pie, doble pie, tute, matute, retute y gua. El que ganaba se quedaba la canica del perdedor. Yo no era muy bueno, pero no tenía más remedio que jugar a esto si no quería quedarme todo el recreo aburrido.

Como no hacía gimnasia me convertí en un niño un poco gordito, con gafas y que sacaba buenas notas. Se me daban bien los estudios, me gustaba aprender y destacaba en clase. Eso fue otra fuente de infelicidad, era la típica imagen del empollón, blanco de bromas de mis compañeros. Muchas veces pensé que hubiera preferido ser un niño normal, ni listo ni tonto. Un niño normal que no destacara ni por su aspecto ni por su inteligencia, uno más del montón. Aun así, nunca se me pasó por la cabeza dejar de estudiar para no sacar tan buenas notas. Hubiera sido una rendición. Y yo no quería rendirme. Lo vivía más bien como una condena, como una carga que me tocaba llevar en la mochila. Si a la imagen de empollón le sumamos que no podía participar en la mayoría de los juegos de mis compañeros, acabé sintiéndome marginado. Quizás por eso en aquella época me junté durante un tiempo con algunos de los compañeros más conflictivos de la clase: un pequeño grupo liderado por Enrique S. y por José

Antonio V. Fue a través de Antonio S., un muchacho con el
que había hecho algunos trabajos de clase y me convenció para
que fuera con ellos. Antonio no era mal chico, pero les seguía el
juego a los otros, que eran un poco líderes, como la mayoría de
los matones en la escuela. Enrique era muy alto, el más fuerte de
la clase. José Antonio era un canijo de pelo castaño, pero como
los perros pequeños, muy agresivo. Algunos les tenían miedo y
otros preferían mantener las distancias, mejor no estar a malas
con esta panda. Me acerqué a ellos por aburrimiento y porque
en el recreo no jugaban al fútbol, así que me pareció un buen
plan. Ahora creo que en realidad lo hice buscando aceptación.
Me sentía inseguro y era una manera de conseguir la inclusión
en el grupo. No entiendo por qué me aceptaron en su cuadrilla,
supongo que pensaron que sería un bufón más en la corte que les
rodeaba. Uno de sus entretenimientos era una diversión salvaje.
Robaban las bolas de los futbolines, unas bolas hechas de una
piedra porosa, no excesivamente pesada pero lo suficientemente
dura para resistir los golpes de los muñequitos de hierro forjado. A la hora del recreo iban a una punta del patio, alejada del
campo de fútbol, a una cincuentena de metros de la zona donde
jugaban los más pequeños, miraban alrededor para asegurarse
de que nadie les observaba y entonces lanzaban una bola al aire
con todas sus fuerzas. Era imposible seguir la trayectoria de los
proyectiles, eran pequeños y caían demasiado lejos, pero de tanto
en tanto un niño se llevaba las manos a la cabeza y caía al suelo
gimiendo de dolor. Entonces ellos reían gritando «¡niño, niño!».
La primera vez que lo presencié entré en conflicto. Quería ser
aceptado, pero no podía dejar de verlos como sádicos locos disfrutando de esta macabra diversión. Al segundo o tercer día me
pidieron que tirara yo una bola. Puse mil excusas, me presiona-
ron y me sentí acorralado, pero me negué y me alejé de ellos. No

se lo tomaron bien y más tarde me lo hicieron pagar en forma de *bulling*. Entonces no utilizábamos tantos términos en inglés ni se hablaba de acoso escolar, en aquellas épocas simplemente te jodían la vida. Nunca tuve el valor de denunciar lo que hacían y eso me creó muchos cargos de conciencia. Ni siquiera lo hice cuando un día se pasaron de la cuenta y una bola impactó en la ceja de un párvulo, abriéndole una brecha que necesitó puntos de sutura. El director fue por todas las clases explicando lo ocurrido, sermoneando a todos sobre los peligros del gamberrismo y preguntando si alguien conocía a los culpables. Yo callé. Me sentí como un cobarde. José Antonio se volvió hacia mí y su mirada me dejó helado. Se pasó el dedo por el cuello y lo imaginé a la puerta de la escuela esperándome para darme de hostias hasta dejarme medio muerto. Pero tampoco hacía falta la amenaza, yo no hubiera dicho nada. Tenía miedo y, además, no quería ser un chivato. Otro de los tabús del mundo masculino en que me movía. Ser un chivato era lo peor, romper el código de honor del grupo. El sentido de pertenencia a tu clase no se podía traicionar. Esto estaba tan asumido que cuando había un chivatazo algunos profesores, como si quisieran emular al sargento de hierro cohesionando su pelotón, ponían el mismo castigo al infractor que al que lo había denunciado. Esto por chivato, decían. Así que interrogar en una clase era un ejercicio estéril. Nunca nadie sabía nada.

Sin embargo, el sistema estaba lleno de contradicciones, porque al mismo tiempo que algunos profesores castigaban a los chivatos, otros, cuando tenían que corregir exámenes o hacer alguna otra tarea, sacaban algún alumno a la pizarra para apuntar a los que hablaban. El profesor se concentraba en sus cosas y el desafortunado vigilante tenía que escribir en la pizarra el nombre de sus compañeros y poner una muesca por cada vez que los veía hablar. Al final de la clase, los apuntados formaban una fila en la tarima y el profesor procedía a repartir los castigos con una regla de madera: por cada marca te daban diez reglazos sobre la palma de la mano extendida. Si apartabas la mano, diez reglazos más. Utilizaban una regla cuadrada de unos cuarenta centímetros de largo y un centímetro por un centímetro de grueso. Levantaban el listón por encima de su cabeza y te daban un golpe seco. Cuando impactaba en la palma se oía un paf grave, al que seguía un latigazo de dolor y un picor parecido al que sientes cuando se te despierta una extremidad dormida. Yo odiaba que me sacaran a apuntar, lo encontraba repulsivo, y si no apuntabas a tus compañeros recibías tú: Tomás, apúntese usted mismo y póngase una marca, no está vigilando bien. Obligarte a denunciar a tus compañeros si no querías recibir tú el castigo era perverso. Tampoco explicábamos nada a nuestros padres, en aquellas épocas decir que te habían castigado en el colegio en la mayoría de casos significaba recibir otro castigo en casa. Nunca se desautorizaba la autoridad de un profesor. Honor y disciplina. Éramos las falanges que conformarían el futuro del país. Escribiendo este libro me he dado cuenta de hasta qué punto la filosofía de honor y disciplina quedaba grabada en nuestros espíritus infantiles. Casi cincuenta años después, al escribir he cambiado los nombres de estos compañeros sin escrúpulos. Son los únicos que he cambiado en el libro, como si no quisiera denunciarles ni siquiera medio siglo después. Quizás trabajen en la administración pública o quizás sean prestigiosos abogados, aunque estoy convencido de que continuarán lanzando pedradas.

Así era nuestra educación: más palos que zanahorias. He de reconocer que algunos profesores tenían especial gracia para escoger los castigos. El hermano Gonzalo era uno de ellos. Le apodábamos El Chalo. Nos daba clases de Historia e iba siempre con las manos en los bolsillos de la sotana y una sonrisa socarrona. En una ocasión estábamos leyendo por turnos una lección sobre la antigua Grecia y un compañero recitó:

—El filósofo «Demostenes»...

—Repita y fíjese en lo que lee.

—El filósofo «Demostenes»...

—Le he dicho que se fije usted en lo que está escrito y lo lea bien, repita.

—El filósofo «Demostenes» vivió…

—¡Usted es tonto! Ande, márchese de mi vista y vaya a dar cuarenta vueltas al patio diciendo en voz alta: Demóstenes.

Otro compañero quiso hacerse el gracioso.

—¿Y cómo sabremos si lo dice bien?

A lo que El Chalo respondió de inmediato:

—Usted, vaya detrás y compruébelo.

El hermano Gonzalo repartía unas bofetadas muy estudiadas y sonoras, muy preparadas, con la mano hueca para medir mejor la fuerza; primero llegaban las puntas de los dedos y después la palma. Eran el top de las bofetadas. Pero era el profesor más divertido que teníamos, especialmente cuando llegaba a clase con la punta de la nariz colorada, entonces sabíamos que había bebido más de la cuenta y que nos esperaba una clase terrible o especialmente divertida. En una de estas ocasiones nos tocaba en clase la lección del antiguo Egipto. Se sentó en su mesa con la nariz roja como un tomate y nos sacó a la pizarra a Rodríguez, a Susinos y a mí.

—A ver, Rodríguez, dibuje la presa de Asuán, usted, Susinos, sitúe la presa de Asuán en el Nilo y usted, Tomás, … las nueve presas del Misisipi.

Nos miramos los tres sorprendidos sin saber qué hacer. Rodríguez reaccionó el primero, dibujó desenvuelto unos rectángulos en la pizarra y explicó: la planta y el alzado de la presa de Asuán con sus siete turbinas.

—Muy bien, tiene un punto extra, puede sentarse.

Al ver el percal, yo dibujé una gran i griega, pinté nueve rayas donde mejor me pareció y expliqué: aquí está el Misisipi, su afluente, el Misuri, y las nueve presas de la cuenca.

—Muy bien, otro punto extra, siéntese.

Susinos se quedó mirando la pizarra, pasaba de todo.

—Es que no sé dónde está la presa de Asuán.

—Dibuje el Nilo por lo menos.

—No sé dibujar el Nilo.

—A ver, Susinos, no me lo ponga difícil. Pinte una raya, hombre.

El chico levantó la mano, la apoyó en la pizarra y la dejó caer a peso.

—¡Pero mire que es inútil! No he visto en mi vida a nadie más vago que usted, venga a por su calmante.

El calmante de Susinos era siempre el mismo: el hermano Gonzalo le hacía acercarse, le inclinaba la cabeza cuarenta y cinco grados, le sujetaba la mejilla con la mano izquierda y con la derecha le arreaba una bofetada que le dejaba el carrillo enrojecido por lo que quedaba de clase.

Recibí reglazos en las manos y en la cabeza, pero nunca me dieron ninguna bofetada, alguna vez estuve a punto y tuve miedo de recibirla, pero el incidente se acababa saldando con pasar el resto de la clase de rodillas con los brazos en cruz o copiando cien veces «no hablaré más en clase». Nunca sabré si la razón fue la cicatriz en la cara. Mis compañeros me tenían envidia y Enrique S. y José Antonio V. se metían conmigo y me ridiculizaban por ello. En alguna ocasión hubiera preferido que algún profesor me cruzara la cara solo para sentirme como todos los demás, uno más del grupo. Más tarde prohibieron los castigos físicos en la escuela. A partir de entonces se acabaron las bofetadas, los borradores volando por el aire para impactar en algún alumno distraído con certera puntería, las filas de castigados haciendo cola para recibir reglazos y aguantar firme sin retirar la mano, con la palma en alto, mordiéndote los labios para no quejarte, mientras la piel se iba poniendo roja por los golpes. Dar diez vueltas corriendo al campo de fútbol se convirtió en el castigo más habitual. Los internos del colegio ganaron durante muchos años el Cross de Zaragoza.

12

PECADORES EQUIVOCADOS

Primer viernes de mes. Tocaba confesiones. Bajábamos por clases a la capilla y un grupo de capellanes confesaba a los que querían hacerlo. La capilla era alargada, con el altar en el centro frente al que había algunos asientos y después dos hileras de bancos, una a cada lado, en las que cabían dos clases al completo a cada banda. No era obligatorio confesarse, pero el tutor paseaba entre los bancos e interrogaba con mirada inquisidora a los que se quedaban sentados. Yo me sentía tan intimidado que nunca me planteé no pasar por el confesionario. En realidad, no había tal: los dos sacerdotes que venían a confesar se sentaban en una silla, cada uno a un lado del altar, frente a las hileras de bancos repletas de muchachos pecadores. A su lado colocaban un reclinatorio en el que nos arrodillábamos los niños, de manera que te confesabas frente a todos, susurrando tus pecados al oído del cura. Mientras duraba la confesión teníamos que permanecer sentados, en silencio, aburridos hasta la saciedad, esperando nuestro turno. Aquel viernes vino un cura nuevo, era mayor y un poco gordo. Una franja de pelo blanco rodeaba una calva tan brillante que parecía reflejar las luces de las lámparas que iluminaban la Virgen. Cuando me tocó mi turno me adelanté y me arrodillé junto a él.

—Ave María purísima.

—Sin pecado concebida.

Me acarició la cabeza y puso su mano sobre mi antebrazo.

—¿Qué pecados tienes, hijo?

Movía su pulgar pausadamente acariciando mi piel y yo empecé a sentirme incómodo.

—He dicho mentiras y he desobedecido a mis padres.

Cada viernes de confesión era lo mismo. ¿Qué le digo? Por más que rebuscaba en mi memoria nunca se me ocurría nada. Siempre eran las mismas faltas ridículas. ¿Qué pecados podíamos cometer tan niños como para necesitar confesar cada mes? La cultura de la culpa. Ellos mismos nos convertían en pecadores haciendo que nos sintiéramos culpables de verdaderas chorradas sin importancia.

—¿Nada más?

—No, nada más –contesté secamente.

El contacto de sus dedos, gruesos y blandos, me estaba poniendo nervioso y quería acabar lo antes posible.

—¿Y contra el sexto Mandamiento, hijo? ¿Has pecado?

—No, padre.

—¿Sabes cuál es el sexto Mandamiento?

—No cometerás actos impuros.

Me di cuenta de que no me iba a dejar escapar fácilmente.

—¿Sabes lo que significa?

—Más o menos.

—¿Y has cometido actos impuros?

—No sé, padre.

—¿Te masturbas, hijo?

Sentí un golpe de calor en las mejillas. En esa época ya sabía lo que era hacerse una paja, hacíamos bromas con los compañeros y algunos hasta explicaban cuál era la mejor forma de hacérselas. Me sentía avergonzado y no sabía qué decir. Me apretó suavemente el brazo como intentando tranquilizarme, su mano estaba sudada y el efecto fue todo el contrario. Miré de reojo a los de la primera fila temiendo que pudieran oírme.

—Alguna vez.

—¿Cuántas veces? ¿Cada día?

—Cada día no, padre.

—¿Dos o tres veces por semana?

—No sé, más o menos. Depende.

—¿Y cómo lo haces?

La boca se me secó de repente. Notaba en las sienes las palpitaciones de mi corazón, que se aceleraba por momentos. Bajé la vista y la fijé en la alfombra que había bajo el altar. No daba crédito a las preguntas que me hacía, pero era un sacerdote. Un adulto, un emisario de Dios, que se supone que lo hacía por mi bien. Me sentía obligado a contestarle, para mí tenía la autoridad, solo más tarde comprendí que lo único que tenía era el poder. Me hizo explicar con detalle cómo me masturbaba. Me costó un mundo, no sabía cómo explicárselo y utilicé todos los eufemismos que se me ocurrieron para describirle una paja. El seguía hurgando, pidiendo detalles, preguntando en qué pensaba cuando lo hacía y acariciándome el brazo. Lo pasé fatal y cuando pensaba que ya acababa la pesadilla, volvió a la carga.

—¿Y tocamientos? ¿Has hecho tocamientos con alguno de tus compañeros?

—¡Padre, no! –contesté, escandalizado.

En mi infancia la homosexualidad era una lacra, una enfermedad de la que los niños nos burlábamos. Despreciábamos los comportamientos afeminados y el insulto de maricón era uno de los peores que podías recibir. Aún peor, si hacían correr la voz de que eras maricón estabas perdido, todos te hacían el vacío. Era una condena al ostracismo, quedabas señalado como un proscrito y la única solución era una pelea con el difamador. A hostia limpia, como hacían los hombres.

—¿Y con niñas? ¿Has hecho tocamientos con niñas?

Me sentí fatal por partida doble. Me resultaba muy incómodo responder a sus preguntas y además me preguntaba por mi relación con las chicas, un tema que nunca había sabido gestionar. Le hubiera contestado, ya me gustaría, padre, pero con esta cara quemada ninguna chica se fija en mí, les repele. Tenía ganas de vomitar. Si ya era un niño tímido, la cicatriz me había vuelto mucho más inseguro. En el colegio solo éramos chicos. Para ligar teníamos que ir a la salida de los colegios de chicas y acercarte en frío, como un vendedor de enciclopedias, esperando tener suerte y que no te soltaran cuatro frescas. Los buenos vendedores están convencidos de que van a cerrar la venta cada vez que visitan un nuevo cliente, a mí me pasaba justo lo contrario: estaba convencido de que ninguna chica querría salir con un chico lleno de cicatrices. A estas alturas yo era capaz de leer fácilmente todos los tipos de reacción de la gente cuando me veían por primera vez: sorpresa, disgusto, disimulo, a veces pena o incluso asco. La sola idea de pensar que una chica pudiera rechazarme por mi cara me bloqueaba. Mis compañeros iban a la salida del colegio de las Salesianas. Después de acompañarlos un par de veces y sentirme totalmente desubicado, decidí no volver más. Ellos iban y yo me quedaba solo. Era un miedo atroz que era incapaz de sacudirme. Más adelante pensé que quizás fuera un temor infundado, pero lo cierto es que nunca he llegado a estar convencido de esta idea: lo de que el aspecto físico no importa es una enorme falacia impulsada por los guapos y los normales. No digo que en una relación madura puedas llegar a olvidarlo, que cuando tratas a una persona y llegas a conocerla ya no lo tengas en cuenta, pero con catorce años y supurando adolescencia ya lo creo que importa. Ser el diferente es un estigma.

—Contesta, hijo. ¿Has hecho tocamientos con chicas?

Por supuesto, no dije lo que pensaba, contesté simplemente que no iba con chicas esperando que me dejara marchar, pero el hombre no estaba dispuesto a acabar con su infame interrogatorio.

—¿Tienes hermanas?

—Una hermana.

—¿Y has hecho tocamientos con tu hermana?

Un asco inmenso me subió desde el estómago. Levanté la cabeza, me eché para atrás y por primera vez me atreví a mirarle a la cara.

—¡No, padre! –casi grité sin importarme que me oyeran los de la primera fila.

—Bueno, hijo. Has de hacer mucho deporte, mucho. Has de llegar a la noche muy cansado y así no tendrás ganas de pecar. Trabaja mucho y haz mucho deporte, para que te acuestes muy cansado.

Me impuso como penitencia no sé cuántos padrenuestros y avemarías y me dio la absolución. Hasta muchos años más tarde no comprendí el acoso que había cometido ese cerdo inmundo. Era un pederasta en potencia aprovechándose de chicos preadolescentes y sumisos. No fui el único que sufrió un interrogatorio similar y corrió la voz entre los alumnos de mi curso. Susinos fue a confesarse con él al mes siguiente y con su pachorra habitual dejó las cosas en su sitio.

—Me ha preguntado que si me masturbaba –nos contaba riendo–. Y le he contestado: a dos manos, padre, a dos manos.

13

EL DOLOR DE LA CERTEZA

Tenía quince años y cara de crío, aparentaba una edad mucho menor. Las cortisonas y otros medicamentos que me habían dado para regenerar la piel habían retrasado mi desarrollo. Me costó hacer el cambio y algunos de mis compañeros se reían de ello. Odiaba mi voz de niño y cuando me oía grabado en una cinta de casete me avergonzaba terriblemente. Odiaba mi cicatriz y hubiera querido taparla de alguna manera. No podía. Mi aspecto y mi voz me parecían ridículos y habría vendido mi alma por cambiarlos.

Tenía quince años, cara de crío y un grupo de amigos con los que salía el fin de semana. Antonio era de mi edad. José un año y medio mayor, había estudiado Formación Profesional y trabajaba en una carpintería. Había vivido más experiencias que nosotros y lideraba el grupo. Salíamos a tomar algo por las zonas de Zaragoza y de tanto en tanto José nos presentaba algún grupo de chicas de su barrio. No cuajó con ninguno. El ritual de apareamiento de mi adolescencia era mucho más complicado que ahora. Lo habitual era buscar un grupo con el mismo número de chicas que chicos en el tuyo, de manera que se iban haciendo parejas. Con nosotros no funcionaba. Ninguna chavala quería ir con el chico con cara de niño y marcado de cicatrices. Por solidaridad el resto hacía piña y el resultado era que al segundo día ya nos daban largas para no quedar y yo me sentía fatal. Culpable de no sabía bien qué e incapaz de manifestarlo y hablar abiertamente del tema, pero consciente de que mis amigos pensaban lo mismo.

Un día encontramos a José con el semblante serio. Noté que algo le ocurría, pero no quise preguntar, a veces era un poco introvertido y si estaba mosqueado era inútil preguntarle. Habíamos quedado en su casa para escuchar música antes de salir a dar una vuelta y estábamos sentados en su dormitorio, una pequeña habitación repleta de armarios, con los herrajes de latón típicos del estilo barco. Había puesto un elepé de Led Zeppelin y la electrizante guitarra de Jimmy Page sonaba a todo trapo. José encendió un cigarrillo. Si tengo edad para trabajar tengo edad para fumar, le había dicho a su padre. Encendió el segundo y cuando terminó la cara A dejó que la aguja se detuviera, apagó el pitillo y nos comunicó que tenía que decirnos algo importante.

—Chicos, voy a dejar el grupo para ir por mi cuenta. Ya tengo una edad y tengo que pensar en conocer chicas y buscarme una novia. Espero que lo entendáis. ¡Hay mucha otra gente con la que podéis quedar!

Antonio hizo un intento de convencerlo preguntando si no podía hacer lo mismo con nosotros.

—No es lo mismo. José hablaba más lento de lo normal mientras se retorcía las manos y las pasaba por su pelo castaño, parecía estar buscando las palabras adecuadas–. Es que no es lo mismo, seguro que lo entendéis.

Lo entendía perfectamente: yo sobraba.

Me quedé bloqueado. No sabía qué decir. Me sentía avergonzado y despreciado. ¿Ese era mi amigo? El que hacía poco me había pedido usar mi nombre para quedarse unos discos que sorteaban en la emisora donde trabajaba algunos fines de semana: ¿Puedo usar tu nombre?, me preguntó con voz nasal. Es que sorteamos un lote de discos muy chulo y si digo que me ha tocado a mí, como algunos me conocen se notará el tongo. Le dije que sí. Y eso había sido solo unas semanas antes de que renegara de nuestra amistad. Una vez más me encerré en el caparazón, sin expresar la rabia, tragándome toda la hiel. Consciente de que, aunque quisiera aparentar normalidad, no había normalidad, no la había por ningún sitio, era una ficción, un puto deseo de cristal que se hacía añicos una vez tras otra. Y lo peor de todo es que me daba cuenta de que si yo hubiera estado en su lugar seguramente hubiera hecho lo mismo. La vida es así de canalla, cuando pensamos y debatimos nos movemos en el campo de la ética, el paraíso de lo que está bien, un universo en el que la justicia siempre prevalece. Pero cuando actuamos caemos desde este mundo utópico para estrellarnos en el mundo real, el mundo de las tripas, en el que ya no se trata solo de hablar, un mundo en el que las decisiones que tomamos nos afectan y entonces hacen aflorar nuestros egoísmos. ¿Cuántas veces hemos tomado decisiones sabiendo que no hacíamos lo correcto, amordazando nuestra conciencia para perseguir alguno de nuestros deseos? Y qué pocas veces tenemos el valor de reconocerlo.

Con Antonio duró un par de meses más. Quedábamos a primera hora de la tarde, tomábamos una cerveza en el Ángel Azul, casi sin intercambiar palabra, en aquella época a los dieciséis años ya te servían cerveza, y volvíamos a casa a media tarde. Al menos yo, porque siempre pensé que él no volvía a casa y que había quedado con alguien más. Los silencios se fueron haciendo cada vez más largos y violentos. Llegó el verano y nos fuimos de vacaciones. A la vuelta le llamé un par de veces, la primera me puso una excusa peregrina, la segunda no estaba en casa y dejé recado de que me llamara. Esperé su llamada el tiempo justo para reconocer que la relación se había acabado, para aceptar mi condición de paria. Más tarde me enteré de que antes del día en que se despidió José, se habían reunido los dos para discutir si mantenerme en el grupo. Cuando lo supe, me sentí tremendamente humillado. Las certezas duelen más que las sospechas, estas siempre nos dejan un piadoso resquicio de duda. La verdad es mucho más cruda, en nuestro subconsciente sabemos que seremos incapaces de esquivar una verdad que nos golpea de lleno, por eso preferimos la incertidumbre. La duda. Aunque yo siempre había sabido cuáles eran los motivos, o mejor dicho el motivo, que había precipitado la ruptura del grupo, la premeditación y la alevosía me dolieron profundamente. Tenía ganas de llorar, pero era incapaz de hacerlo. Me sentí solo. Abandonado.

Desde entonces he admirado a las personas que actúan según sus principios aunque eso les suponga un sacrificio o vaya en contra de sus intereses. Un aplauso para ellos. Cuando has estado al otro lado, el lado de los diferentes, conoces mucho más el valor de un «estoy contigo, no importa lo que piensen los demás».

Cumplí dieciséis años y tenía un poco menos voz de crío, pero continuaba odiándola con la misma intensidad. Tardé unos meses en acoplarme a otro grupo de amigos a través de un compañero de clase que vivía cerca de casa. José Antonio tenía el pelo liso, casi negro, y una mirada incisiva que llegaba a resultar inquietante. Su casa estaba a cien metros de la mía e íbamos y volvíamos juntos de la escuela. Subíamos San Vicente de Paúl hasta el Coso y después girábamos por Comandante Repollés y Miguel Allué hasta el Paseo de la Mina, donde estaba el cole. Los dos comíamos en casa, así que hacíamos el recorrido juntos cuatro veces al día. De vuelta al cole después de comer, pasábamos por delante de un estanco regentado por una viuda entrada en años, vestida eternamente de negro y con el pelo blanco siempre recogido en un elaborado moño. Debía de estar un poco sorda y escuchaba la radionovela de la tarde a todo volumen. Cuando cruzábamos frente a la puerta escuchábamos la melodía del programa de la SER, que durante unos cuantos años nos sirvió de control de paso. Si oíamos la sintonía de la serie: «na na nana, nana na na nana naaaa, Luceciiitaaaa» es que íbamos bien. Si la estanquera ya estaba llorando escuchando las desgracias de Lucecita significaba que íbamos con retraso. De regreso, algunas tardes entrábamos a jugar a las máquinas del millón en un local que había junto a la casa de José Antonio. Era un club de billar, situado en un sótano en el que el humo de los cigarrillos dibujaba volutas bajo las lámparas que iluminaban los tapetes. Fuera de estos conos de luz todo el local era penumbra. En una sala adjunta, separada por una cristalera, estaban las mesas de los profesionales, a los que observábamos para aprender mientras jugábamos interminables partidas de billar las tardes de domingo. Era un lugar silencioso, en el que podía oírse el roce de la tiza con la punta del taco y un continuo clack, clack de bolas entrechocando, con el ambiente cargado de humo y donde se hablaba en voz queda para no romper la concentración de los jugadores. Solo había hombres, apoyados en sus tacos como patriarcas bíblicos en su cayado, mientras observaban al jugador de turno que meditaba su tirada

Sobreponiéndome a una vergüenza inmensa: de nuevo el temor a sentirme rechazado y a pedir algo que pensaba que no iba a gustar, le pregunté si podíamos quedar para salir.

—Pero ¿tú no tenías un grupo de amigos?

—Tenía. Tú lo has dicho.

—¿Es por lo de tu cara?

—Supongo.

No hicieron falta más palabras. Habló con sus amigos y me invitaron a unirme a ellos. César, Luis, José Antonio y yo formamos grupo más de tres años. César tenía la cara angulosa y saltaba chasqueando los dedos cuando quería enfatizar lo que decía. Luis era un poco regordete, hablaba por los codos y regalaba una simpatía honesta a todo el que quisiera escucharle.

El primer día que salimos todos juntos me preguntaron:

—¿Es verdad que tu grupo de amigos te han dejado por la cicatriz?

Les contesté que sí, que al menos eso creía yo.

—¡Qué cabrones! –soltó Luis.

Ese «¡qué cabrones!» fue como un bálsamo. Me hizo sentir reconfortado. Soy consciente de lo generoso de su gesto, de cómo dieron un paso al frente para ponerse a mi lado. Aquí estamos, dispuestos a caminar contigo y a pagar el precio. Fueron tres años intensos y divertidos. De futbolines, fiestas mayores y jarras de cerveza jugando al guiñote en Los Picapiedra. Con las chicas seguía pasando lo mismo, Luis era tremendamente extrovertido y tenía mucha labia, conseguía engatusar a los grupos de chavalas, pero luego la cosa no iba a más. Y si alguna vez podía haber pasado algo, mi inseguridad lo acababa estropeando. Nunca he sabido rematar. Incluso más adelante, cuando acabé siendo un hombre confiado y seguro de sí mismo, que podía incluso parecer interesante a algunas mujeres, fui un rematador penoso. Podía ser simpático y con un par de cervezas era hasta divertido, hacía reír a las chicas. Tenía una conversación inteligente y era atento y detallista. Podíamos decir que tenía la mayoría de los ingredientes para un buen cóctel. Pero cuando llegaba a la esfera de lo físico, de nuevo el bloqueo. Saltaban todas las alarmas, explotaban todos mis miedos enviando llamaradas de pavor a mi cerebro. Mi mente iba muy rápida, lanzada como una locomotora desbocada que no podía frenar: le gusto como amigo, le gusta hablar conmigo porque se ríe, pero no puedo gustarle físicamente. No querrá enrollarse con el muchacho lleno de horribles cicatrices, para eso buscará uno más guapo. Para mí esto era una verdad absoluta. Lo veía tan claro que no me lo cuestionaba en ningún momento y por eso nunca me atrevía a dar el paso definitivo, a acariciar ese brazo sobre la mesa, a rozar esos labios con los míos. El miedo al dolor, al dolor de sentirse rechazado de nuevo, era tan atroz que no me atrevía a correr el riesgo. Recuerdo una amiga, llorando en un bar por un desengaño amoroso, que después de explicarme lo mal que sentía porque el novio de turno no le hacía caso, me decía:

—Jo, Jaime. Eres un tío cojonudo. Contigo se puede hablar. Tienes una sensibilidad que pocos chicos tienen. Me ayudas un montón.

Y yo pensaba que era una mierda, que yo no quería que tuviera ganas de hablar conmigo, quería que tuviera ganas de besarme, de enrollarse conmigo.

—¡Ojalá todos fueran como tú! –insistía ella.

Sí, pero si piensas que ojalá todos fueran como yo, ¿por qué estás llorando por ese guaperas imbécil? Me tienes aquí, ¿no? Si tanto te gusta como soy, ¿por qué no sales conmigo en vez de perseguir a ese idiota? Me contestaba yo mismo: pues porque quiere alguien como yo, pero guapo, y si no es guapo, normalito, pero no un chico con la cara marcada por muy simpático que sea. Y por un lado me sentía bien, porque ayudaba a una amiga y ella reconocía mi apoyo emocional, pero por otro sabía que no se sentía atraída por mí, el fuego había arruinado cualquier atractivo físico que yo pudiera tener. Una maldita imprudencia me había dejado marcado para siempre y entendí que iba a pasar mi vida arrinconado, viendo cómo el resto de chicos y chicas, desbordantes de hormonas, se sentían atraídos unos por otros, se juntaban, se separaban y se volvían a juntar y a mí solo me quedaba hacerme pajas. Luego alguna chica desconsolada iba a buscar a ese chico tan majo al que le podía explicar sus penas, el amigo asexuado con el que se podía llorar. Y de nuevo me asaltaba el convencimiento de que si yo estuviera en su lugar seguramente haría lo mismo, que yo tampoco me sentía atraído por las chicas gordas o feas, pero aunque esto me crease un conflicto interior, seguía maldiciendo mi mala suerte por estar en el lado difícil de la vida. Nunca lo comenté con mis amigos, me daba vergüenza. Tampoco con mis padres. Por la noche, tumbado en la cama, reflexionaba sobre mi vida y me invadía la dolorosa certeza de que mi existencia no iba a ser fácil. Algunas noches, después de días especialmente duros, lloraba en silencio e intentaba contener las lágrimas con tanta fuerza que me dolía la nuez como si me hubiera tragado un hueso astillado. La vida no era justa conmigo. No era mi culpa, pero era mi realidad.

14

LA MIRADA DE LOS NIÑOS

Siempre me peso después de afeitarme. Es una manía. Tengo una balanza digital, con una pantalla que me dice la verdad en grandes números de color gris oscuro. La escala de la balanza no es un continuo, la mía salta de cien en cien gramos, así que si fuera echando con paciencia uno a uno los diminutos trozos de pelo que quedan en la maquinilla de afeitar, llegaría un momento en que al añadir uno de esos pelos, uno solo, se produciría un cambio minúsculo que haría que el sensor saltara y la pantalla cambiara de un dígito al siguiente. Al revés pasa lo mismo, si fueras quitando pequeños fragmentos de pelo poco a poco, llegaría un momento en que al quitar uno solo de ellos la pantalla cambiaría y marcaría cien gramos menos.

No quiero pesar cien gramos más por culpa de cuatro pelillos sin afeitar. En la vida ocurre lo mismo, hay momentos en los que un pequeño cambio puede hacer que escojas caminos diferentes; hay situaciones a las que te has enfrentado muchas veces, en las que siempre has hecho lo mismo y, de repente, un día faltan unos pelillos y reaccionas de forma totalmente diferente. Afeitarme antes de subir a la báscula es mi versión particular del efecto mariposa.

Una mañana de invierno, cuando tenía dieciséis años, mi hermana y yo acompañábamos a mi madre a misa. Mi padre se había quedado en casa, no era nada religioso: solo pisaba la iglesia para las bodas y cuando mi madre le obligaba a ir a la misa de gallo. Ella sí que era practicante y nos llevaba al oficio vespertino del sábado, que ya valía para el fin de semana, y así nos quedaba todo el domingo para hacer alguna excursión. La catedral de la Seo estaba a cinco minutos de casa. La entrada principal se encuentra en la plaza de las Catedrales; Zaragoza es la única ciudad con dos catedrales, la Seo y el Pilar, pero nosotros entrábamos por la puerta trasera, en la calle Palafox, que estaba mucho más cerca de casa. Era una entrada lúgubre al lado del Arco del Dean, tan oscura que tenías que andar con sumo cuidado para no tropezar por las escaleras y a la que su enormidad y falta de luz conferían un aspecto tenebroso. La misa se oficiaba en la capilla del Salvador, adosada al trascoro. Era de un rebuscado estilo barroco, con seis columnas salomónicas de mármol negro que sostenían un baldaquino dorado que cubría el altar y la figura del Cristo. Los bancos estaban dispuestos en forma de T entre las enormes columnas, de forma que podías ver la cara de los feligreses sentados en los otros dos sectores. Hacía frío. Arrebujado en mi abrigo verde austriaco, intentaba evitar el contacto de las personas que se quedaban mirándome fijamente como si hubieran visto un extraterrestre. Cada misa era lo mismo: exponerse a las miradas de la gente que, aburrida por la liturgia, buscaba algún entretenimiento para pasar el rato. Era soporífero. Había muy poca luz y, aparte de las letanías, solo se oía el roce de los abrigos cuando los fieles se levantaban o se sentaban y cada tos era amplificada por las altísimas bóvedas. En un lateral del altar ardían decenas de velas votivas que llenaban el ambiente de un agradable olor a cera quemada e iluminaban esa parte del coro con una luz cálida, provocando un juego de sombras que parecía dar vida a las figuras de piedra tallada. Para no sentirme tan mal me concentraba en mirar al Jesús crucificado. Pendía inerme de la cruz, con la cabeza colgando ligeramente ladeada hacia la lanzada que sangraba en su costado. Con el tiempo acabé dialogando con él. Un frío sábado de invierno nos habíamos sentado justo en el lugar hacia el que miraba el Cristo; por un momento me pareció que levantaba un poco la cabeza para observarme y decidí preguntarle.

—Señor. –Al principio le trataba de vos–. ¿Por qué me habéis hecho esto a mí?

—Eso se lo has de preguntar a mi Padre. Yo solo bajé al mundo para dirimir vuestros pecados, pero es Él quien lo controla todo.

Pensé que vaya capullo, echándole las culpas a su padre en vez de asumir él la responsabilidad, que en el fondo era el que estaba allí. Pero no se lo dije, me dio miedo llamarle capullo al Hijo de Dios, no fuera a fulminarme un rayo allí mismo dentro de la catedral. Yo era plenamente consciente de que era un diálogo interno, que la imagen no me contestaba, lo hacía para no aburrirme, pero oye, por si acaso mejor ser prudente, que no sabes quién puede estar escuchando allá arriba.

—Pero tu padre, san José, ¿qué pinta en este tema?

—No, san José es mi padre putativo. No me refería a ese, sino al otro, al de verdad.

—Pero ¿con ese no sois el mismo? Padre, Hijo y Espíritu Santo.

—Bueno, pero cada uno tiene sus responsabilidades. Aquí el que manda de verdad es mi Padre.

—Es que, de verdad, a mí me cuesta entender eso de la Santísima Trinidad, podríais haber buscado una organización más sencilla. Una familia normal, como todas.

—Si quieres que te cuente un secreto, lo de la Trinidad también me cuesta entenderlo a mí.

Cada misa le contaba mis penas e imaginaba sus respuestas. Las primeras fueron conversaciones serias, pero después de unas cuantas misas ya casi nos habíamos hechos colegas y empecé a tutearle.

—A ti también te jodieron bien, ¿verdad?

—Pues sí, lo pasé fatal.

—Sabes lo que es ser el centro de atención, que todo el mundo se fije en ti, que se fijen en el tipo ese de la corona de espinas clavado en la cruz. Tú también sabes lo que es sufrir. Conoces el dolor físico y el de sentirse diferente. –Él me miraba, impasible–. Salvando las distancias, por supuesto, no pretendo compararme contigo, faltaría más. Pero tú me entiendes, ¿verdad?

—Claro que te entiendo, Jaime.

—¿Y cómo te sentías?

—Tenía que hacerlo, me lo pidió mi Padre.

—Lo sé, pero ¿por qué aceptaste? Yo no he tenido opción, tú podrías haberte negado.

—Lo hice para salvaros a todos vosotros.

—¿Para salvarnos de qué? A mí no me salvasteis del accidente.

—Tenía que suceder, es el destino.

—¿Y por qué me ha tocado este destino? ¿Por qué he de sufrir?

—Has de ser fuerte, todo sacrificio tiene su recompensa.

Me enfadó la respuesta del colega crucificado.

—¿Por qué he de hacer yo este sacrificio y no los otros? ¿Acaso soy peor?

Le miré directamente a los ojos, pero Él aguantó, impertérrito, y continuamos observándonos fijamente largo rato. Ni se inmuta el tío, pensé. Era lo normal, no esperaba que el Cristo desviara la vista y, aunque sabía que yo lo estaba imaginando todo, en aquel momento me pareció una verdadera lucha por ver quién tenía razón; Él allá en la cruz sufriendo por los demás o yo abajo en el banco sufriendo a causa de los demás.

—Pero tú lo escogiste, tío, yo no –sentencié.

Esa idea me llenó de desesperanza, no era mi elección, era la consecuencia de una decisión equivocada de otra persona. La conciencia de mi realidad me abrumó. Sufría en mis carnes la imprudencia de otro, que podía estar más o menos arrepentido, pero esto no cambiaba las cosas para nada: yo seguía marcado y él continuaba su vida como siempre. De hecho, nunca me pidió perdón.

La imagen del Cristo se desdibujó cuando una lágrima huérfana escapó a pesar de mis esfuerzos por retenerla. Tragué saliva y bajé los ojos, ganó Él. Pero al hacerlo encontré los ojos de un señor mayor que me escrutaba sentado cuatro bancos frente a mí. Fue como una iluminación. Después de tragarme las lágrimas yo estaba enfadado. Le miré fijamente. Yo no lo había escogido. Yo no tenía la culpa. ¿Por qué tenía que sentirme avergonzado? El Cristo seguía impasible, yo tenía que hacer lo mismo. Levanté la frente y clavé los párpados para que no se movieran ni un milímetro. Dejé de pestañear. ¿Y tú que miras, idiota? Estoy seguro de que pudo leer en mis ojos el mensaje con toda claridad. Al cabo de unos segundos el hombre bajó la vista. ¿Ves cómo tenía razón yo? Me sentí vencedor de una gran batalla y enardecido por esa primera lucha busqué más contrincantes. No fue difícil, solo necesité girar ligeramente la cabeza y clavé mis ojos en una abuela que me examinaba sin recato desde el otro palo de la T. La mujer bajó un momento la vista, pero al cabo de unos segundos volvió a observarme. Yo no había dejado de mirarla en ningún instante, con los párpados entornados para lanzarle con más fuerza los rayos de rabia que brotaban desde mi retina. Al tropezarse con mis ojos desvió de nuevo los suyos, dirigiéndolos al suelo. No le di tregua. No aparté mis pupilas de ella. De tanto en tanto la mujer lanzaba un vistazo furtivo, pero giraba la cabeza inmediatamente cuando se daba cuenta de que yo seguía acechándola. Intentaba telegrafiarle mi pensamiento, seguro de que ella percibía todo lo que yo pensaba. ¿Tengo monos en la cara o qué? Mírate tú, que has venido con el pelo grasoso, con las greñas implorando un poco de champú, y nadie se ha quedado mirándote. Si no te miran a ti, ¿por qué tiene nadie que mirarme a mí? Una vez más me sentí victorioso. Yo no tenía la culpa, podía ir con la cabeza bien alta, eran los otros quienes debían avergonzarse de lo que hacían.

Cuando fui a comulgar levanté retador la cabeza, adelanté el mentón para que el oficiante pudiera ver bien mi cicatriz; aquí la tienes, mírala bien porque hoy me da lo mismo lo que pienses.

—El cuerpo de Cristo.

—Amén –contesté.

Pero en realidad le estaba diciendo: es mi cara, ¿pasa algo?, ¿tienes algún problema? Me pareció notar una reacción de desconcierto en el sacerdote mientras me dio la hostia y esperé unos segundos antes de darme la vuelta y volver a mi banco. Me sentía bien.

Oye, pues ha funcionado tu estrategia. Le dije a mi amigo Jesús. Se nota que llevas siglos practicando. Yo solo te muestro el camino. Bueno, tampoco exageres que no me lo has dicho directamente, lo he tenido que deducir yo solito. Me alegra haberte servido de ayuda.

—El Señor esté con vosotros –nos interrumpió el sacerdote.

—Y con tu espíritu.

—La bendición de Dios Todopoderoso, Padre, Hijo y Espíritu Santo descienda sobre vosotros.

Y dale con el lío de la Trinidad.

—Amén.

—Podéis ir en paz.

—Demos gracias al Señor.

Nos levantamos y un murmullo de voces se elevó sobre las cabezas. Me despedí de mi amigo hasta la semana próxima, Él se quedaba siempre allí. Salimos de la iglesia. La noche seguía siendo fría y oscura, pero una pequeña luz se había encendido en mi interior.

Desde entonces empecé a practicar ese ejercicio. No siempre era fácil ni siempre lo conseguía, la fuerza de una mirada depende mucho de tu estado de ánimo, de cómo te sientes y de lo seguro de ti mismo que estás en ese momento. Con el tiempo podía mantener mis ojos clavados en los de otra persona aunque me sintiera incómodo, aunque la vergüenza invadiera cada uno de mis huesos. Con práctica puedes llegar a saber quién acabará apartando la vista. Aprendí a diferenciar a la gente. Cuántas cosas se pueden decir sin una sola palabra. Los había que sentían vergüenza: bajaban *ipso facto* los ojos avergonzados porque les habías sorprendido haciendo algo indebido. Había otros, educados, que lo hacían al cabo de un momento al darse cuenta de que te molestaba. También los había chulitos, que la mantenían y parecían decirte: ¿qué pasa? Yo miro donde quiero. A estos había que aguantarles un poco más y hacer una mueca como de te voy a dejar una cara como la mía, y al final acababan retirando la vista con el gesto seco de quien no le gusta perder. Y luego estaban los niños. La mirada de los niños pequeños no me molestaba.

Era una mirada honesta, sin prejuicios, aún no sabían de normas sociales, eran miradas de curiosidad pura, sin juicios. Para ellos no era ni bueno ni malo, solo era algo que veían por primera vez y, aunque sus padres les reprendieran, Quique, no se mira así a la gente, ellos seguían absortos, con la boca abierta y sin importarles nada. ¿Te duele? Me preguntó un día uno de ellos. Y me pareció una pregunta llena de ternura. Iba a contestarle, pero no lo hice.

Me duele el alma.

No lo hubiera entendido, pobre crío.

15

ESE DÍA ERA MARTES

Hace unos meses quedé con una buena amiga para comer. Nos conocemos hace mucho tiempo y nos queremos un montón, hemos compartido muchos momentos y confidencias. Fuimos a un chiringuito de la playa. Quería animarla un poco. Perdió a su marido, uno de mis mejores amigos, y le estaba costando mucho remontar. Le conté que aunque habían pasado casi cincuenta años desde el accidente, a veces me suponía un esfuerzo enorme enfrentarme a algunos capítulos de este libro, reabrir ciertas heridas que creía curadas y remover recuerdos que había cubierto de cenizas tiempo atrás haciendo un esfuerzo titánico y consciente para olvidar. O quizás el esfuerzo era para olvidar que no olvidaba. Me conoce bien y, cuando hablamos de lo que escribo, suele hacerme comentarios acertados, de los que me incomodan, me dan qué pensar y justamente por eso me ayudan. Mientras esperábamos el café me preguntó que cómo habían vivido mis padres y mi hermana mi accidente. No supe qué responder. Durante unos segundos me quedé mirando fijamente mi cerveza, observando cómo las burbujas trepaban desde el fondo de la copa hasta hundirse en la capa blanca de espuma. Rebusqué en mi memoria en vano. Me di cuenta de que realmente no lo sabía, de que durante mi niñez y mi adolescencia no se hablaba nunca de eso en casa: nunca se mencionaba el accidente, ni los sentimientos que produjo, ni el dolor que generó.

—Pues pregúntales.

Las semanas siguientes estuve dándole muchas vueltas al tema. Mi padre estaba siguiendo un tratamiento de quimioterapia y yo viajaba a Zaragoza con frecuencia para acompañarle. Finalmente, en uno de estos viajes me atreví a preguntar. Digo me atreví, aunque no sea la palabra adecuada, porque me costó encontrar el momento, presa de una mezcla de sentimientos que no conseguía identificar: algo de vergüenza, también incomodidad y quizás una parte de miedo a hablar de ello. Sí, quizás era eso lo que me negaba a reconocer: lo que sentía era temor a lo que pudiera descubrir, porque se trataba de hablar de emociones y ese es un terreno en el que no me siento cómodo.

Mis temores estaban fundados.

Habíamos terminado de comer: unas paletillas de conejo que mi madre cocina muy poco a poco hasta que quedan doraditas y que se deshacen en la boca. Sabe que me encantan y las había preparado pensando en mí. A la hora del café llegaron mi hermana, Elisa, y mi cuñado, Pablo. Estábamos todos sentados alrededor de la mesa de la cocina, detrás de la barra americana que la separa del fregadero. Me levanté, me acerqué a la cafetera y pregunté quién quería. Saqué del armario las tazas de porcelana blanca que habían sido de mi abuela y fui cargando las cápsulas para preparar cafés y cortados. Volví a sentarme en la mesa, nervioso porque había decidido lanzar la pregunta aprovechando que estábamos todos juntos y relajados. No sabía cómo empezar. Tenía miedo de que me temblara la voz.

—Ahora que estamos juntos quería preguntaros una cosa.

—¿El qué? –preguntó mi madre.

—Ya estoy escribiendo el libro.

Silencio.

—Y quería saber cómo os afectó a vosotros el accidente. Tú, Elisa, ¿cómo lo viviste?

Mi padre se quedó parado con la taza de café a medio camino y Elisa se quedó mirándome fijamente, como si no entendiera la pregunta.

—Quiero decir –añadí–, ¿qué pensaste? ¿Qué sentiste? Tenías nueve años, ¿cómo lo recuerdas?

Dudó antes de contestar. Me dijo que se acordaba de que mi madre estaba en Madrid con una amiga y que había tenido que volver precipitadamente cuando el accidente. No puede ser, porque mi madre estaba en el hospital cuando yo llegué y nunca nos dejaba solos a mi hermana y a mí, solo en verano cuando nos quedábamos en Mequinensa con nuestros abuelos. Nunca nos hubiera dejado solos con mi padre en época escolar. Le contesté que yo no recordaba que estuviera fuera. Mis padres no dijeron nada, se miraban entre ellos. Pero yo no quería que la conversación se desviara e insistí.

—¿Y cómo lo viviste? ¿Qué pensaste cuando fuiste a verme?

Elisa aseguró que no se acordaba de nada más, ni de cómo se sintió, ni que pensó. Me sentí decepcionado y dolido. Demasiadas expectativas. Pablo lo percibió enseguida, es muy sensible para estas cosas.

—Seguro que recuerda más detalles. Lo que pasa es que la has pillado en frío y se ha quedado en blanco. Luego, Elisa, en casa lo piensas con calma y le dices a tu hermano.

—¿En serio no te acuerdas de nada? –preguntó mi padre.

Mi hermana negó lentamente con la cabeza y tampoco quise insistir. No quería hacerla sentir violenta. La realidad es que lo que para mí había sido un drama que cambió mi vida había sido solo una anécdota en la vida de mi hermana. Nada que recordar especialmente. De nuevo un silencio incómodo, solo roto por el tintineo de alguna cucharilla en la taza. Pregunté entonces a mis padres:

—Y en casa, ¿por qué no se hablaba nunca del accidente?

Ellos se miraron con cara de asombro. Me sorprendió la reacción de mi madre. Se puso a la defensiva. Contestó que hicieron lo que creían que era mejor, que no hablaban del accidente para normalizarlo, para que no fuera algo excepcional y no darle más trascendencia. Mi padre dijo lo mismo, que pensaron que era preferible no darle importancia. Mi madre no dejaba de repetir, cada vez más nerviosa, que hicieron lo que creyeron mejor. Mi padre intentó calmarla: que es solo una pregunta, Marisol, no una crítica. Yo también procuré tranquilizarla, pero por mucho que lo intentara ella volvía a decir lo mismo, que querían quitarle importancia y que por eso no hablaban del accidente.

—Mamá, no os estoy recriminando nada. Solo quería saber por qué nunca hablábamos en casa de ese tema.

Tuve que dejarlo porque cada vez que insistía mi madre se sentía más atacada. Nada más lejos de mi propósito, era curiosidad sincera. Durante todo ese tiempo yo tampoco había hablado de ello, ni en casa ni fuera; no podía ni quería culparles de nada. Entender sus razones era una forma de entenderme a mí mismo, de comprender un silencio de tantos años. Estoy convencido de que ellos hicieron lo que creyeron más apropiado y solo tengo la intuición de que hubiera sido mejor verbalizar todo el dolor, pero jamás podré saberlo, porque la vida no permite correcciones y cada vez que escoges un camino borras un pedazo de futuro.

No hablamos más. Mi padre miraba el poso del café haciendo girar la taza lentamente. Cambié de tema y pregunté por el libro que acababa de publicar mi sobrina Lucía: *Vino, amor, poesía y cólera.* Una colección de poemas, reflexiones y citas, escritas con frescura y una madurez poco común en una chica de veintidós años. El tema del accidente se desvaneció de nuevo en ese universo tan real como intangible de las cosas de las que no se habla. Las que todos sabemos, pero hacemos ver como que no. Lo innombrable.

De todas formas, sí que saqué algo positivo de la conversación con mi familia. Mi madre padece un inicio de demencia senil, la memoria le falla cada vez más. Es triste ver cómo los recuerdos la abandonan poco a poco. La esencia de cada persona no va mucho más allá de donde alcanza su memoria. Cada olvido es la muerte de una pequeña parte de nosotros mismos. Ella, como la mayoría de las personas cuando se dan cuenta de que les cuesta recordar y de que el caos se va apoderando de su mente, intenta poner orden en su vida estructurando su minúsculo mundo: ordenando armarios, clasificando papeles, revisando cajones y etiquetando viejos álbumes de fotos. Cada vez que iba a Zaragoza me sorprendía con alguna nueva sorpresa. Mira qué ha salido de un armario, ¿lo quieres o lo tiro? ¿Qué hacemos con tus apuntes de la universidad que están en el trastero?

Un mes después, en mi siguiente viaje, mientras estaba desayunando, me trajo un cuaderno de anillas azul oscuro con un triángulo blanco y una palabra en grandes letras: Schule. Creo que es la marca. Lo dejó sobre la mesa junto a mí.

—Toma, esto te gustará.

—¿Qué es?

—Cosas que guardaba.

Y salió de la cocina sin decir nada más.

Me puse a hojearlo mientras desayunaba un café con leche. Abrí la tapa de plástico duro. Lo hice con cuidado, como si estuviera abriendo un incunable.

Es una libreta de cuatro anillas. Las hojas tamaño cuartilla están cuadriculadas y han ido adquiriendo un tono ligeramente ocre. Me dejo embriagar por ese olor característico del papel viejo.

En la parte interior de la tapa hay un bolsillo de plástico.

Al mirar en su interior lo primero que encuentro es mi boletín de notas de segundo de primaria. Está escrito a mano con una caligrafía pulcra y esto me hace tomar conciencia de que ha pasado mucho tiempo, más de medio siglo. Se me dibuja una sonrisa y me invade una nostalgia dulce y cautivadora. Yo tenía seis años.

Voy repasando las calificaciones y compruebo horrorizado que el primer trimestre saqué 5,5 pelado en escritura. No vamos bien, me digo a mí mismo. En cada página está indicado el año, el curso, el nombre del tutor o la tutora y los gastos de cada mensualidad. Busco la hoja de tercero porque recuerdo con mucho cariño a mi tutora de ese año. Cojo una galleta María y la mojo en el café con leche, no mucho, para que no se parta, pero lo suficiente para que se ablande. Mientras dejo que se deshaga en la boca voy hojeando la libreta. Lo encuentro todo meticulosamente anotado:

70/71

3º EGB

Tutora	Srta. Goya
Enseñanza	725 pesetas
Material	10 pesetas

Calefacción	60 pesetas
Servicio coche	450 pesetas
	1245 pesetas
Descuento	73 pesetas
	1172 pesetas

Cada mensualidad costaba el equivalente a unos siete euros. Con un rápido cálculo mental me doy cuenta de que por algo más de setenta euros pude estudiar un curso completo. Me sorprende ver cuánto han subido los precios y la idea me hace sentir como el Abuelo Cebolleta recordando batallitas. Aparto el tazón y dejo de comer Marías por miedo a que goteen y manchen las hojas. La libreta se ha convertido de repente en un pequeño tesoro. En las cuartillas también se detalla que el colegio IMI tuvo que cerrar tras una reforma educativa y por eso me cambiaron al colegio del Sagrado Corazón (corazonistas), donde, según se explica en la libreta, entré por mediación de un amigo de mi padre, un tal Miguel Montserrat, ya que todas las plazas estaban cubiertas. Me sorprende la minuciosidad de los comentarios. Yo no sabía, o no recordaba, que había entrado en el colegio gracias a una recomendación. Me pregunto quién habría escrito esos comentarios, creo que es la letra de mi madre, pero no estoy seguro. En algunas hojas están grapados recibos del colegio, perfectamente alineados con el borde de la hoja. Voy pasando las páginas lentamente, en cada una encuentro algún detalle que llama mi atención: los nombres de los tutores, que había olvidado hace tiempo, la calificación global y hasta el recibo de los libros de quinto curso. El libro de lengua, *Palabras,* había costado 45 pesetas.

Súbitamente una idea invade mi pensamiento. Paso varias páginas de vez y con manos nerviosas busco hasta encontrar el año

1974. Trago saliva. El recibo de febrero de ese año está grapado del revés y en la parte de atrás hay un número de teléfono anotado: Doctor Cardona, telf. 239826. Siento un calambrazo en la espalda al recordar el cuadro del ciervo herido. En la siguiente página siguen las anotaciones de cada mensualidad, como en el resto de la libreta. Entre enero y febrero encuentro lo que buscaba. El impacto es brutal. Miro a mi alrededor. Estoy solo en la cocina y eso me tranquiliza:

73/74

6º D

Tutor   Fernando Jiménez Zaera

Enero
Enseñanza   900
Laboratorio   75
Servicios diversos   250
Gastos generales   150
Anuario   40
                     1415

El día 12 de febrero tuvo Jaime el accidente.

Febrero
Enseñanza   1135
Laboratorio   75
Servicios diversos   150
Gastos generales   150
                     1510

Cuando escribo estas líneas, ya en Barcelona, no dejo de revivir ese momento.

Me temblaba todo el cuerpo y tuve que respirar profundamente varias veces para calmarme. 12 de febrero de 1974. Abrí el móvil y busqué en un calendario perpetuo. Era martes. Tenía once años. Al pie de la página otro apunte: *Calificación global del curso faltando dos meses al colegio: Sobresaliente.* 12 de febrero. Fue el 12 de febrero. Cuarenta y ocho años después había logrado averiguar cuándo había sufrido el accidente. No pude continuar, la cabeza me daba vueltas y se me empañaron los ojos. Ya continuaría leyendo otro día, ahora era incapaz.

Sé que no tiene importancia alguna, qué más da que fuera el 12 o el 11 o el 20. Pero al igual que en la literatura, son los pequeños detalles los que hacen reales las historias. No recordaba cuándo había sido el accidente y eso parecía desdibujar un poco lo ocurrido. Averiguar la fecha lo hizo mucho más real. Fue como si la situación y todo lo que pasó ese día se materializaran de repente y pudiera tocarlo, y esta presencia me abrumó. Era incapaz de pensar, solo podía sentir. Y ahí, sentado solo en la cocina frente a un café con leche y media galleta María sentí de nuevo el dolor, y sentí de nuevo la angustia. Y por un momento fui mucho más consciente de lo que había vivido, simplemente porque ocurrió el 12 de febrero y ese día era martes.

16

ESPERAR EL GOLPE

CON TRECE AÑOS empecé a practicar kárate. Fue en enero del setenta y seis y a razón de quinientas pesetas al mes según las exhaustivas anotaciones de la libreta azul. O sea, tres euros.

Como después del accidente me había encerrado en mí mismo, mis padres habían intentado apuntarme a una asociación juvenil para que conociera otros chicos fuera del colegio. No recuerdo el nombre, creo que era algo así como Asociación Ánade. Organizaban salidas a la montaña para promover el contacto de los jóvenes con la naturaleza. Fuimos a visitar la sede: un local oscuro, húmedo e inquietante. Mientras mis padres hablaban con uno de los responsables, un hombrecillo de gafas de pasta oscura que explicaba maravillas de la organización, yo tuve una percepción insólita, una sensación muy extraña que no he podido olvidar. Estábamos en un salón sentados alrededor de una mesa de madera con algunas ralladuras. Sobre ella, una única lámpara de pantalla, claramente insuficiente para iluminar toda la sala. Al fondo, hundidos en la penumbra, descansaban un sofá y dos sillones de escay. Yo notaba un olor que me parecía de orines y que me producía mucho asco. De repente sentí una sensación gélida en la espalda, se me erizó el cabello de la nuca y tuve la impresión de que una presencia sobrenatural sobrevolaba la sala. Es difícil de creer, no sé cómo explicarlo. Nunca me había pasado nada parecido y nunca me ha vuelto a pasar. Era como si decenas de espíritus dieran vueltas a mi alrededor, notaba el frío en la piel cada vez que me rozaban. Entonces vi la imagen de un niño de piel horriblemente blanca y labios negros, estaba sentado en uno de los sofás de escay con los ojos muy abiertos y nos observaba con una sonrisa que me heló la sangre. Me volví para comprobar si mis padres también lo habían visto, pero ellos seguían hablando con el hombre de gafas oscuras. Cuando me giré de nuevo el niño había desaparecido.

—¿Lo habéis visto? –balbuceé.

—¿Qué dices, hijo?

—No, nada.

Me dio vergüenza explicarlo, ¿qué iban a pensar de mí si les decía que había visto un fantasma? Soy una persona muy racional, no creo en espíritus ni apariciones, pero la visión era tan real que me hizo dudar de mí mismo. Empecé a sentirme muy inquieto. Tenía la necesidad de mirar a mi alrededor compulsivamente, buscando atemorizado otras presencias sobrenaturales. Solo quería marcharme de allí. Me negué en rotundo a que me apuntaran y creo que hice bien. No dije nada de lo que había visto, me hubiera sentido ridículo hablando de espíritus y de niños muertos sentados en sofás de escay, pero ante mi tajante negativa mis padres accedieron y no me apuntaron.

Sin embargo, mis padres se empeñaron en buscar alguna actividad para que me relacionara con otros chicos. Les recomendaron que me apuntaran a artes marciales para aumentar mi autoconfianza. La idea de hacer judo o kárate no me seducía en absoluto. No me gustaba el deporte. Ellos siguieron insistiendo, buscaron lugares cerca del colegio y encontraron el gimnasio Victoria. Un sábado por la mañana fuimos a pedir información. La recepción era pequeña, apenas había espacio para una mesa tras la que se sentaba una administrativa que hacía las veces de recepcionista. Una muchacha menuda y vivaracha, tan delgada que parecía que iba a romperse de un momento a otro. Detrás de ella una escalera bajaba hacia el sótano y frente a la escalera una puerta tras la que se oían unos gritos secos y acompasados: ¡yayyy! ¡yayyy! Mis padres le explicaron el motivo de nuestra visita, la chica me sonrió amablemente y avisó al responsable, que subió en pocos minutos. Era un hombre de pelo corto y una sonrisa perpetua, vestido con una camisa blanca y una corbata con el nudo un poco suelto. Nos hizo pasar a un despacho contiguo a la recepción. Era diminuto, pero estaba perfectamente ordenado. Solo había dos sillas, mis padres se sentaron y yo me quedé de pie, empezaron a exponerle mi caso, el accidente que había sufrido, que era muy tímido y que me costaba encontrar amistades. Yo estaba muerto de vergüenza. El director nos aseguró que las artes marciales eran idóneas para ganar confianza en uno mismo y nos aconsejó el kárate.

—En el judo hay mucho más contacto. Al hacer las llaves y las proyecciones podrían rozarte la cicatriz –nos explicó–. Es mejor que pruebes con el kárate, que ahí no hay contacto en la cara.

Yo escuchaba sus explicaciones sin ningún entusiasmo, no me apetecía para nada empezar en un gimnasio, ni conocer gente nueva. Prefería continuar encerrado en casa, dentro de mi cascarón me sentía cómodo y seguro. Desde detrás de la puerta seguían llegando gritos estridentes. El director captó mi mirada.

—Ven, Jaime. Acércate, que verás cómo se entrenan.

Salimos del despacho y abrió la puerta de cristal del fondo para que pudiera asomarme: era una sala amplia, con los laterales cubiertos de espalderas y todo el suelo era de tatami verde. Un grupo de chicos, con sus kimonos blancos y cinturones de diferentes colores practicaban judo. Ejercitaban una llave y cada vez que proyectaban al compañero gritaban a pleno pulmón. Lo primero que pensé viendo los costalazos que se pegaban fue que, efectivamente, el judo no era lo mío. Volvimos a recepción y me tendieron una trampa: mis padres me preguntaron si quería probar el kárate, yo me quedé callado por pura timidez, porque no me atrevía a decir directamente que no, a lo que la administrativa del gimnasio contestó, pues te apunto y si en un par de meses no te gusta ya te borrarás y te devolvemos la matrícula. Mi padre sacó inmediatamente un billete azul de quinientas pesetas y pagó la primera mensualidad. En este punto me dio corte decir que no y quedé apuntado. El director se acercó a mí.

—Ven conmigo, Jaime, que mientras arreglan la inscripción te enseñaré las instalaciones.

Me cogió del hombro y noté que me miraba la cicatriz, examinándola como un doctor con un paciente. Pensé que estaba valorando si realmente no había peligro, tal como había dicho unos minutos antes. Yo seguía sin tenerlo claro y sin atreverme a decir que no quería ser karateka.

Bajamos las escaleras y me enseñó las instalaciones. En los vestuarios percibí por primera vez ese olor típico de gimnasio, mezcla de sudor y desinfectante. Me puse nervioso solo de pensar que tendría que ducharme allí con otros chicos. Acabamos pronto. No sé por qué motivo me imaginaba los gimnasios mucho más grandes, pero aquel era un gimnasio pequeño, muy familiar.

He de reconocer que mis padres acertaron y me alegro de no haberme atrevido a pedir que no me apuntaran. Junto con mis conversaciones con el de la cruz, el kárate me ayudó mucho a recuperar la confianza. Me compraron el kimono, de tela áspera y fuerte, y mi primer cinturón: el blanco. Me lo probé en casa, atando el cinturón con un nudo doble como si fuera un saco. Me sentía un poco ridículo con esa especie de disfraz blanco. Empecé la semana siguiente. El primer día llegué con miedo, mi madre me acompañó hasta la puerta del gimnasio. Me cambié cohibido y subí al tatami sin saber qué debía hacer. Enseguida el senséi, que es como llamábamos al maestro, me tomó por el hombro y me acompañó al centro del tatami, me presentó al resto de compañeros y me dieron la bienvenida. Alguno de ellos se quedó mirándome la cara, pero la mayoría actuaron con naturalidad. Lo primero de todo, me enseñaron a hacerme el nudo del cinturón, no podía atarse con un nudo cualquiera, era todo un ritual. Sin duda tuve mucha suerte con el senséi. Este término es japonés y proviene de *sen* (antes) y *sei* (vida). El sentido literal es una persona que nació antes, también en sentido espiritual, una persona que conoce, que ha ido antes y puede mostrar el camino. Mi maestro, Paul Ineva, era un quinto dan peso pesado. Era tan grande como buena persona. Tenía una sensibilidad especial para tratar a todo el mundo, impregnada de la filosofía oriental, llena de respeto y de valoración al esfuerzo, que él admiraba y que intentaba transmitir a sus pupilos. La clase era muy heterogénea: adolescentes como yo, jóvenes y también karatecas que debían tener más de cuarenta años y que me parecían señores mayores. No éramos muchos. En aquella época aún no se había estrenado *Karate Kid* y no se había desatado la fiebre por las artes marciales. El kárate era un deporte minoritario, poco conocido. No había ninguna chica. Junto con otro compañero yo era el más joven. En seguida me sentí acogido, los mayores nos trataban a los benjamines con cariño y en general se respiraba una atmósfera de mucho respeto. Además de las clases de técnica, teníamos sesiones de fuerza. Uno de los ejercicios era cruzar una escalera fijada horizontal en el techo, avanzando colgados de los travesaños como si fuéramos monos. Ya he comentado que no era un buen deportista, no me gustaba la actividad física y había aprovechado el accidente para evitar las clases de gimnasia tanto como pude. Odiaba el ejercicio de la escalera: los brazos me dolían y parecía que quisieran desencajarse de las articulaciones mientras las piernas se bamboleaban de lado a lado. Las manos me quemaban como si fueran a despellejarse y los dedos se agarrotaban mientras intentaba no soltarme. Al acabar, en los espejos que rodeaban la sala, me veía la cicatriz roja por el esfuerzo. Al principio era incapaz de pasar toda la escalera y la primera vez que me caí en el segundo travesaño me sentí fatal, pero me di cuenta de que nadie se rio, ni mis compañeros hicieron comentarios entre ellos. Me animaron a que volviera a probar, dije que no y nadie insistió. Con el tiempo fui ganando fuerza, física y mental. Nueve meses más tarde conseguí pasar la escalera completa y mis compañeros me aplaudieron. Aún se me pone la piel de gallina cuando recuerdo ese momento. El orgullo y la satisfacción de haber conseguido un objetivo a base de esfuerzo y también la sensación de pertenencia a un equipo. Percibí que mis camaradas estaban tan contentos de mi logro como yo mismo, que se alegraban sinceramente por mí, y me emocionó sentirme aceptado, sin que les importaran mis cicatrices.

Continué practicando semana a semana durante cuatro años y medio. Recuerdo que cuando llegué a cinturón verde, ya podía empezar a librar combates y me recomendaron que me comprara una coquilla.

—¿Una qué?

—Una coquilla. Un protector para los huevos.

—¿Y eso hace falta? ¿No está prohibido golpear por debajo del cinturón?

—Aún no sois tan buenos –dijo Paul–, y algún golpe se escapa. Yo te lo recomiendo.

Tratándose de los huevos, me compré la coquilla. Como su nombre indica era una especie de concha triangular de plástico duro, con unos bordes de goma para amortiguar los golpes. Comprobé que era una buena inversión el día que en un combate me la partieron de una patada. El combate era un momento de descarga de adrenalina. El dolor en las muñecas cuando bloqueabas los golpes, los saltos para esquivar los ataques, el movimiento fulminante y coordinado de todo el cuerpo para lanzar el puño como un látigo. Todo era muy rápido.

Tres años después me convertí en el cinto azul más joven del gimnasio. Me sentí orgulloso. Mi cuerpo adolescente se había transformado. Aunque estaba delgado, era todo músculo y fibra. El senséi me sacaba con frecuencia para hacer de *sparring*, para enseñar la técnica de los golpes. En una ocasión estaba explicando el Yoko Geri: la patada lateral básica. Primero solo me marcaba el golpe en la barriga, poco a poco fue aumentando la intensidad y al final me dijo: «tensa». Yo sabía que eso significaba que en los siguientes movimientos Paul no iba solo a marcar, sino a golpear de verdad. Aprender a aguantar los golpes era parte del entrenamiento y se daba por descontado que un cinturón azul debía tener los abdominales suficientemente fuertes para aguantarlo. También era parte del entrenamiento mental, debía tener el autocontrol suficiente para esperar sin moverme un milímetro el golpe que sabía que iba a venir. Paul era un peso pesado y yo un adolescente ágil pero delgado. En los combates me escapaba como una anguila, pero en ese momento estábamos en una demostración. No tenía otra opción que quedarme quieto. Tensé los músculos. Las dos primeras patadas sonaron como latigazos contra el quimono, pero aguanté firme. La tercera fue la de verdad y me hizo volar literalmente un par de metros por el aire. Caí al tatami, me levanté y volví a mi posición aguantando el dolor. Era como si me hubieran golpeado con un ladrillo en los abdominales. Recordé lo que nos decía Paul: en un combate, quejarte de dolor no te servirá de nada, solo es una oportunidad para que tu oponente vuelva a atacarte. Tenéis que controlar el dolor.

Vi las miradas de admiración de los cintos inferiores y me sentí reconfortado.

El kárate se convirtió en un refugio hasta que me fui a estudiar a Barcelona con diecisiete años, un par de meses antes de poder presentarme al examen para cinturón marrón. Tuve la suerte de que en mi escuela se transmitía la filosofía que había detrás de las artes marciales, cada movimiento tenía una razón, la mente era tan importante como el cuerpo. Y, como nos decía el maestro, el dolor no te ha de impedir seguir luchando. Una lección de kárate que también era una lección vital.

17

ROMBOS BLANCOS Y ROMBOS MARRONES

UNOS DÍAS DESPUÉS de que mi madre me diera la libreta de tapas azules llamé a Zaragoza para preguntar cómo se encontraba mi padre. Una vez me hubieron dado el parte médico mi madre me dijo:

—¿Oye, sabes qué he encontrado?

—¿El qué, mamá?

—Tengo una bolsa con el jersey que llevabas el día del accidente. ¿Lo quieres?

Yo estaba con el móvil, paseando por casa mientras hablaba. Me detuve en seco y me senté en la primera silla que encontré.

—Perdona. ¿Que tienes qué?

—Que tengo el jersey que llevabas el día del accidente. He pensado que como estás escribiendo el libro, a lo mejor lo querías.

Me quedé mudo. Intentaba procesar lo que me había dicho. Era incapaz de contestar.

—¿Jaime, me oyes?

—Sí, mamá.

—Yo solo te pregunto. Si quieres lo guardo yo, o si prefieres lo tiro.

Sabía que no lo iba a tirar, mi madre lo guardaba todo, pero no sabía qué decir. Necesitaba ganar tiempo como fuera.

—Dame unos días para pensarlo, ¿vale? Y te digo algo.

—Bueno. Pues ya me dirás. Pero dime una cosa u otra.

Cuando colgué el teléfono me quedé mirando la pared. No tenía ni idea de que mi madre hubiera guardado el jersey. Estaba sorprendido. Más que sorprendido, anonadado. Permanecí un par de minutos completamente inmóvil, con la mente en blanco, incapaz de pensar. Poco a poco fui reaccionando. Me vinieron a la memoria imágenes borrosas de unos grandes rombos marrones y blancos. Hacía decenas de años que no pensaba en ello, pero de repente me había visto con ese jersey. ¿Qué debía hacer? ¿Decirle que lo tirara? Me asustaba la idea de traerlo a Barcelona y guardarlo en casa. Estando en Zaragoza me protegía la distancia. ¿Cómo reaccionaría al verlo? ¿Me sentiría indiferente o sería incapaz de soportarlo? Me invadió el vértigo.

Estuve meditando un par de días, nervioso e indeciso. Me venían a la cabeza ideas descabelladas que dos minutos después me parecían absurdas. Cuando acabe la novela haré una ceremonia con mis amigos para despedirme del jersey. Por favor, Jaime, no seas patético. Puedo hacerle una foto y usarla para la portada del libro. Vaya portada más sosa, no me gusta ni a mí. Para darle un poco de dramatismo a la foto le podría añadir unas llamas. No, demasiado artificial. Estaba visualizando la portada, con el jersey de rombos envuelto en llamas, cuando tuve una idea. Le pediría el jersey y cuando acabara de escribir el libro lo quemaría en una hoguera de san Juan. Yo solo. En la más estricta intimidad. Después del ejercicio catártico de exponer mis demonios y vomitar mis miedos, quemar ese jersey sería un símbolo para cerrar una etapa. El punto final después de cincuenta años. Un rito purificador. Me veía de pie frente a la hoguera, sintiendo en la cara el calor intenso de las llamas, mirando cómo el fuego retorcía el tejido que se iba consumiendo hasta convertirse en una ceniza oscura carente de forma. Punto final.

Dos semanas después de la llamada viajé de nuevo a Zaragoza. Llegué a casa de mis padres un viernes por la noche, con el tiempo justo para dejar la mochila en mi habitación y sentarme a cenar. Estábamos los tres sentados alrededor de la mesa de la cocina. Mi padre se encontraba mal, la quimio y la radioterapia iban haciendo su trabajo. Me serví un trozo de tortilla de patatas y bebí un sorbo de vino tinto.

—Mamá, de aquello que me dijiste, pues al final sí que me lo quedaré.

No sé por qué dije «aquello», sin nombrarlo directamente. Fue algo irracional. Me sorprendió incluso a mí mismo, hasta el punto de preguntarme por qué lo había dicho así, pero no encontré ninguna respuesta que me convenciera. No siempre tenemos una respuesta creíble a lo que hacemos.

—¿El qué, hijo?

—El jersey.

—¿Lo quieres de verdad?

—Sí, he pensado que me lo quedaré.

No le conté mi intención de quemarlo, no fuera a ser que se arrepintiera y no me lo quisiera dar. Mientras yo tomaba el café con mi padre, ella se levantó para ir a buscarlo. Volvió al cabo de un rato, desconsolada.

—No lo encuentro, no me acuerdo dónde lo puse.

Joder, pensé, ahora que me había decidido, no lo encuentra. ¿Será una señal?

—No te preocupes, mamá. Ya aparecerá.

Se hacía tarde. Me fui a dormir profundamente decepcionado. Una vez tomada la decisión quería ver el puto jersey que iba a quemar en una hoguera.

A la mañana siguiente, cuando salí de la ducha, mi madre apareció con una bolsa de El Corte Inglés en la que había un bulto. Ahí lo tienes. La dejó sobre la mesa camilla. Otra señal. No me la dio en la mano, como si entregármela a mí fuera un acto de sacrilegio. Nos cruzamos una mirada y se marchó. No me atreví a abrirla. Sabía perfectamente lo que era. La cogí con cuidado y la metí dentro de mi mochila. La dejé allí todo el sábado, sin tocarla, sin mirarla y evitando pensar en ella. Cuando me fui a dormir tuve tentaciones de abrirla, pero me entró miedo. No fue hasta el domingo por la tarde que me decidí. Estaba preparando la mochila para la vuelta. La llevé al salón para recoger el pecé con el que había estado trabajando por la tarde y, al meter el portátil, aparté el paquete con cuidado. Mis padres estaban merendando en la cocina, así que estaba solo, y mi tren salía en un par de horas. La visión de la bolsa hizo que la curiosidad pesara más que el miedo. La saqué de la mochila y la dejé sobre la mesa de caoba. Me temblaban las manos. Extraje con delicadeza el jersey que estaba cuidadosamente doblado. Deslicé los dedos sobre el tejido. Tenía un tacto áspero, algo acartonado, como el de un saco de esparto. No sé por qué tenía la impresión de que al tocarlo podría desintegrarse como sucedía en las películas con la momia del faraón en una tumba recién descubierta. Era un jersey de rombos blancos y rombos marrones, pero no tan grandes como yo los recordaba.

El cuello estaba chamuscado y el pecho lleno de agujeros ribeteados de carbonilla negra. Un largo corte deshilachado descendía en diagonal desde el pico.

Terminé de desplegarlo y lo extendí sobre la mesa. Me quedé mirándolo con los ojos nublados de lágrimas. No me impresionaron las partes chamuscadas, ni los agujeros que había producido el fuego, tampoco que estuviera rajado porque lo habían cortado para sacármelo. Lo que realmente me impactó fue su tamaño. Era pequeño.

Muy pequeño.

Me di cuenta de que a lo largo de nuestra vida no somos conscientes de nuestro tamaño real. No nos acordamos de cuando veíamos a nuestros padres como gigantes. Yo no tengo conciencia de verme a mí mismo como un ser frágil y pequeño. Yo siempre me recuerdo igual. Rebusco imágenes de mi infancia en mi memoria, pero siempre me veo idéntico, de mi medida, ni más grande ni más pequeño. Cuando eres niño tu cuerpo no tiene dimensiones, ves el mundo desde un contenedor que es siempre el mismo. Ves el mundo, pero no te miras a ti mismo. Fue allí, al ver el jersey sobre la mesa, cuando me di cuenta de que el día del accidente yo era un crío. La visión del jersey destrozado era la materialización de una realidad de la que yo no era plenamente consciente. «Tenía once años» es solo una frase. No me dice nada. No hay volumen. Pero allí, sobre la mesa, el jersey era una realidad que no tenía que imaginar. Lo veía y lo podía tocar. Lo podía medir. Y quizás, por primera vez en mi vida, vi que había sido un niño. Un niño pequeño al que una imprudencia truncó su infancia cuando aún cabía dentro de ese jersey de rombos blancos y marrones. Y lloré por ese chiquillo como si fuera otro ser, distinto de mí mismo.

18

LA CÁSCARA DEL MEJILLÓN

Mi colegio pertenecía a los hermanos corazonistas. La orden fue fundada en Lyon por un tal hermano Policarpo. Teníamos cuadros del Poli, como lo llamábamos los alumnos, por todo el edificio. Lo representaban con un solideo y un corbatín blanco, y a mí me recordaba una ilustración que había visto en la revista de Historia que compraba mi madre, en la que aparecía un grupo de colonos protestantes recién llegados a las Indias que intercambiaban regalos con los indígenas. Uno de los pastores era clavadito al Poli y cuando veía los retratos en el colegio no podía evitar imaginarlo rodeado de *cherokees*.

En verano el colegio organizaba unas colonias en la sede de Lyon para perfeccionar el francés, que era el idioma que se estudiaba en mi época. Cuando yo era niño el francés era la lengua culta y refinada de los intelectuales. El inglés era un idioma de *hippies,* que hablaban unos pringados vestidos con túnicas y flores en la cabeza. Las colonias eran una propuesta para los alumnos de BUP y a mis padres les pareció una buena idea. A mis catorce años la idea de ir a un país extranjero me sedujo, aunque también me daba un poco de miedo. No me gustaba dormir fuera de casa. Me daba vergüenza compartir dormitorio y duchas con otros chicos. Y, sobre todo, no me gustaba conocer gente nueva que no estuviera ya acostumbrada a mis cicatrices y se quedara mirándome fijamente sin saber qué decir. Sería la primera vez que me iría solo lejos de la familia. Pero año y medio de kárate me había dado más seguridad y confianza en mí mismo, así que me apunté.

Los primeros días de aquel primer año en Lyon no fueron fáciles. Me convertí en 024, el número que tenía marcado en toda la ropa y que servía como referencia para los temas organizativos. Curiosamente, en el momento de escribir estas líneas, este número se ha convertido en la línea de atención a la conducta suicida. Nos alojábamos en el edificio del internado, un antiguo caserón en forma de U, con dos alas que rodeaban un patio de recreo. En la parte interior se levantaba un enorme porche, sostenido por unas columnas de hierro forjado que permitía refugiarse los días de lluvia. El dormitorio era una sala enorme con tres hileras de camas que compartíamos una treintena de adolescentes. Tuve que acostumbrarme a dormir con veintinueve chicos en un dormitorio que olía a leonera y en el que cada vez que te metías en la cama tenías que ir con cuidado de que no te hubieran hecho la petaca y rajaras las sábanas al estirar las piernas.

Cuando vi los baños se me cayó el alma a los pies. Las duchas eran una tubería con unos pitorros insertados a cada metro, que un hermano abría a la hora del baño para que nos ducháramos de diez en diez con un agua que estaba más fría que caliente. La hora de la ducha era un suplicio. Me desarrollé tarde y eso me causó muchos complejos. Sobre todo, desde que en una ocasión el hermano Ojeda, director del colegio, vino a clase y nos soltó un discurso sobre los cambios en la adolescencia. Nos explicó que unos chicos lo hacían antes que otros y que no estaba bien reírse ni ridiculizar a otros compañeros por su voz o por su físico. Me lo tomé como un comentario general hasta que Jesús me dijo en un susurro: estarás contento, esto va por ti. Me quedé sin saber qué contestar, pero deduje que mis compañeros debían reírse a mis espaldas de mi físico y de mi voz. Por eso, en las duchas me avergonzaba de mi desnudez. Buscaba estrategias para evitar estar en pelotas con los otros chicos: procuraba ser de los últimos y cubrirme con la toalla siempre que podía y si algún día me escapaba de la ducha, pues mucho mejor.

La rutina era siempre la misma: por las mañanas teníamos cuatro horas de clases de francés y por la tarde organizaban diferentes actividades o teníamos tiempo libre. Los sábados y domingos nos llevaban de excursión o a visitas culturales.

El segundo fin de semana decidieron dividirnos en dos. Un grupo iría a un campo de fútbol de hierba a jugar un partido y el otro a la piscina. Los hermanos eligieron a dos capitanes que fueron escogiendo entre todos los chicos, los equipos que irían el primer día a jugar al fútbol. Uno de los capitanes era Jesús. No me seleccionó, a pesar de que empecé a hacerle señales para llamar su atención. Me quedé en el grupo de los malos y me sentí fatal. Más tarde le recriminé a Jesús que me hubiera dejado colgado y me contestó que no me había visto. Aún me supo peor su mentira. Me sentí traicionado y humillado. El hecho de que no me hubiera seleccionado estaba relacionado de forma indirecta con mi cicatriz, era una consecuencia de no haber hecho deporte. Siempre había evitado jugar al fútbol y era un jugador bastante malo. Pero esto no me servía de consuelo. No tenía otra opción que aceptarlo, pero me angustiaba que las cosas fueran así. Pasé un fin de semana miserable, recordando a cada minuto que no me habían escogido para los primeros equipos.

Una semana más tarde llegó la venganza. Estábamos un grupo paseando por el patio mientras esperábamos la hora de la cena y Jesús vino hasta mí:

—Oye, Tomás, ¿el kárate sirve de algo?

— Claro, de defensa.

—Pero ¿si te atacan con una navaja sirve de algo?

—Te sirve para abrirte paso y poder largarte.

Se detuvo al lado de la puerta del comedor

—A ver, vamos a hacer una demostración.

Sacó del bolsillo un llavero en forma de una pequeña navaja de plástico y se puso frente a mí como si me estuviera amenazando. Los otros se apartaron un poco y se quedaron mirando. Jesús era un tipo bastante grande y parecía decir: si te encuentras alguien como yo, el kárate no te va a servir de nada. Se colocó con las piernas separadas y con la navaja en una mano ligeramente adelantada.

—A ver. ¿Ahora qué harías?

Le disparé un Mae Geri a la mano. Fue tan rápido que no lo vio venir. La navaja voló por los aires hecha pedazos y Jesús se agarró la mano con un gesto de dolor.

—Ostras, lo siento. No quería hacerte daño –mentí.

Reaccionó bien. No se enfadó.

—Joder, ni la he visto. Ha sido como un rayo, tío.

Se seguía sujetando la mano, que le dolió un par de horas. Los otros tres chicos que estaban con nosotros se quedaron con la boca abierta, miraban alucinados. Por no escogerme, pensé yo.

Fui tres años a Lyon, el último fue especial. Por primera vez dejaron venir chicas. Todos estábamos ansiosos esperando su llegada. Chicas en el colegio. Chicas en clase. Era algo que no habíamos vivido nunca y no teníamos muy claro cómo tratarlas. Llegaron diez muchachas de diferentes edades acompañadas de dos monitoras. No recuerdo a ninguna de las recién llegadas. Y además solo coincidimos la mitad de las colonias. El segundo fin de semana nos llevaron a un parque y nos dejaron un par de horas libres para que hiciéramos lo que nos pareciera. Remamos un rato en un estanque y al bajar nos encontramos a un grupito de las chicas con su monitora. Estuvimos hablando y haciendo el tonto con ellas, como cualquier adolescente, y no sé cómo acabamos haciéndole culete primero a uno de nuestros compañeros y después a una de las chicas. Hacer culete consistía en coger a alguien entre varios por las piernas y los brazos, y mientras cantábamos culeeete, culeeete, lo levantábamos y lo bajábamos hasta hacerle tocar con el culo al suelo. La monitora era una chica joven que rio la broma. Nunca había visto hacer culete y le hizo gracia. No pudimos resistirnos, la cogimos a ella y le hicimos culete también. Fue algo inocente, reímos todos y nadie se sintió ofendido. El problema es que uno de los hermanos lo vio desde lejos y nos reconoció a Jesús y a mí. Por la tarde, antes de la cena, nos llamaron al despacho del director. Íbamos desprevenidos, no teníamos ni idea de por qué nos llamaban. Entramos en el despacho, una habitación con muebles de madera oscura. A la derecha había una vitrina llena de libros con pinta de viejos. Una lámpara con una pantalla metálica colgaba del techo. El director nos esperaba sentado detrás de su mesa, con semblante serio. De pie a su lado, vestido con su sotana negra, estaba el hermano responsable de nuestro dormitorio. La larga fila de botones le llegaba del cuello a los pies, interrumpida tan solo por sus brazos cruzados frente al pecho y por el cinto de cordón anudado a la cintura. Frente a la mesa habían preparado dos sillas. Los dos nos miraban con cara seria.

—Siéntense, señores.

Nos sentamos expectantes sin saber a qué atenernos.

El director cruzó las manos frente a su cara, con los codos apoyados sobre la mesa, y mirándonos por encima de ellas nos dijo:

—Me han informado de que esta mañana han tenido conductas inadecuadas con algunas chicas.

Nos miramos los dos. Yo me imaginé a qué se refería y supongo que Jesús también, pero ninguno de los dos sabíamos qué decir.

—¿Es eso cierto? –preguntó el director.

—No sé si se refiere a eso –me atreví a contestar–, pero les hemos gastado una pequeña broma a las chicas.

El hermano puso súbitamente las dos manos sobre la mesa con gesto brusco.

—¿Llama broma a golpearles el trasero contra el suelo agarradas entre varios? ¿Cómo le llaman ustedes a eso?

—Hacer culete –dijo Jesús.

—Pero no les golpeamos, solo le hacemos tocar con el culo el suelo, con suavidad –añadí.

—¿Y les parece decente hacerle eso a una chica?

—Era una broma. No le hicimos daño.

—¿Y también le hicieron eso a la monitora?

Entornó los ojos mientras hacía la pregunta. Me di cuenta de que no tenía ningún sentido negarlo, quien lo hubiera visto le había explicado todo al director. Con la voz más neutra posible contesté:

—Pero ella se dejó. Estábamos de broma. No lo habríamos hecho si ella no hubiera querido.

—¿Se dan cuenta de que es una falta de respeto a la monitora? –El director golpeó la mesa con el puño–. ¡Y además a una mujer!

No sé por qué motivo pensé que lo que le preocupaba al director es que la monitora fuera con faldas y se le hubieran visto las bragas.

—Llevaba vaqueros. No pasó nada.

—Con vaqueros sigue siendo una falta de respeto.

Los dos dijimos que lo sentíamos, que no se repetiría nada semejante. Y cuando pensábamos que las aguas se calmaban, el director se echó para atrás en su asiento y soltó la bomba.

—Es una falta muy grave. Hemos decidido enviarlos de vuelta a España.

Jesús dio un respingo sobre su silla.

—Pero… Si no hemos hecho nada. Es una broma normal entre jóvenes.

A mí, un frío helado me había recorrido la espalda. De vuelta a España. No quería ni pensar en presentarme delante de mis padres expulsado.

—Sabemos que había más chicos con ustedes. Si nos dan los nombres podemos reconsiderar la expulsión.

¡Menudo cabrón! Solo nos habían reconocido a nosotros dos y querían el nombre del resto. No pensaba contestar a semejante propuesta y desvié el tema.

—No es justo. Estábamos jugando y nadie se hizo daño ni se sintió agredido. Si no nos cree, hable con la monitora.

—Usted no puede saberlo.

—Pues hable con la monitora. No hemos hecho daño a nadie.

El director pareció dudar y al final le pidió al hermano Alonso:

—Llame a la señorita Mónica.

El hermano Alonso salió del despacho y el director insistió.

—¿Quién más estaba con ustedes?

Silencio. Yo me miraba las manos mientras retorcía los dedos, evitando encontrarme con los ojos inquisidores que se clavaban sobre nosotros.

—¿Les parece bonito lo que han hecho? ¡Y en medio de un parque! ¿Qué imagen se va a llevar la gente de nuestro colegio? Una pandilla de gamberros.

El director no paraba de hablar. Mientras esperaba la llegada de la monitora aprovechó para echarnos un sermón edificante sobre el respeto a las mujeres, la decencia de nuestras acciones y no sé qué de la mujer del César. Yo miraba a Jesús de reojo con el miedo metido en el cuerpo.

Al cabo de cinco minutos llegó el hermano Alonso con la monitora. Creo que ella tampoco sabía a qué venía. Llevaba el pelo recogido en una coleta mal hecha, parecía que la hubieran hecho bajar sin tiempo a arreglarse. Su cara me pareció sorprendida.

—Señorita Mónica, estos dos muchachos han reconocido los hechos y hemos decidido enviarlos a España.

La chica abrió unos ojos como platos.

—¿Qué hechos?

—Que la cogieron en el parque entre varios y le faltaron al respeto.

Ella negó lentamente con la cabeza.

—¿En serio que quieren expulsarlos por eso? Pero ¿no ven que ha sido una broma de críos sin más importancia?

—Le repito que fue una falta de respeto.

La muchacha intercedió por nosotros, en un tono respetuoso, pero indignada por lo que le parecía un castigo fuera de lugar. Cuando acabó se plantó frente al director y se cruzó de brazos.

—Si ellos se van, yo también.

Al director no le debió parecer adecuado que presenciáramos la discusión y nos envió a nuestra habitación sin cenar.

—Mañana ya hablaremos —sentenció.

Nos fuimos a dormir con hambre y al día siguiente el episodio acabó con un castigo menor. Nos quedaríamos sin ir a la piscina, escribiendo una redacción en francés sobre las normas de educación. La peor consecuencia fue la segregación. A partir de ese momento las chicas estarían en el patio de arriba y los chicos en el patio de abajo. Nos estaba absolutamente prohibido cambiar de patio.

Me pareció totalmente injusto. Por un lado, porque no veía razón para ningún castigo; por otro, porque las chicas quedaban relegadas al patio de arriba, mucho más pequeño. Aunque solo eran diez y los chicos muchos más, ellas no habían hecho absolutamente nada.

Este era el universo represivo que le tocó vivir a mi generación. Las normas de comportamiento te encorsetaban, aunque fueras un adolescente. La preocupación del director no era tanto nuestra educación sino qué imagen iba a dar el colegio si veían a sus alumnos hacer culete a una joven monitora. Estoy seguro de que el hecho de que fueran chicas era además un agravante del delito. Golpear el culo de una chica contra el suelo debía considerarse como un acto con connotaciones sexuales. Hoy en día nos parece desfasado, pero en aquella época esta educación condicionó la manera de tratar con las mujeres de toda una generación de chicos. Es posible que hubiera ciertas islas de libre pensamiento y libertad en este océano opresivo, pero si no te movías por los ambientes adecuados no era fácil encontrar una.

Gordito, con gafas, la cara llena de cicatrices y una educación castrante. Era el cóctel ideal para convertirme en una especie de mejillón, aferrado a la roca, con las valvas bien cerradas para protegerme y no dejar entrar nada. Pero del mismo modo que no entraba nada, tampoco podía salir nada. Abrir la cáscara fue un esfuerzo titánico de años. Normalizar mi relación con las mujeres me costó mucha voluntad y tiempo. Mucha vergüenza y malos ratos. Dejar atrás la cáscara del mejillón no fue fácil.

142 | Jaime Tomás

19

LA METAMORFOSIS DEL AGUA

Me jodía mucho que en las fiestas universitarias las chicas vinieran a contarme sus penas porque el más canalla de todos los chicos no les hacía caso.

Era desesperante.

Eso es lo que pasaba en el primer colegio mayor en el que estuve. Julio no era guapo, solo era pelirrojo. Pero tenía un aplomo y una seguridad en sí mismo apabullantes, y una labia, especialmente con un cubata en la mano, digna de estudio. Era un cabronazo que llevaba a todas las tías de culo a pesar de que su concepto de relación era el modelo *kleneex:* usar y tirar. Entonces las damnificadas venían a mi rincón de la barra a llorarme sus desgracias. Y con la cara de crío que yo tenía ni se les pasaba por la cabeza pensar: pues ahora me enrollo con este, ¡para que se joda Julio! Yo tenía ganas de decirles: ¿y qué te esperabas, idiota? Si ya sabes que Julio es un pichafloja, y dejarlas plantadas. Pero ni las llamaba idiotas ni las dejaba plantadas. Me quedaba escuchándolas con una Estrella Damm en la mano y preguntándome por qué las chicas a menudo se sienten atraídas por el más capullo. Me daban pena. Me daban rabia y pena. Apostaría a que más rabia que pena, porque me hubiera gustado ser yo el capullo. Pero una cosa es lo que te gustaría ser y otra lo que eres. Y yo no había nacido para capullo.

Julio era uno de mis compañeros de segundo año en el Colegio Mayor Ilerdense, en Barcelona. Llegué allí con diecisiete años para estudiar Ingeniería Química. Recuerdo perfectamente ese colegio. Estaba situado en un edificio al lado de las cuadras del conde Güell que hoy es parte de la facultad de Derecho. Estuve allí un curso. El primer mes fue un infierno. El primer año, una metamorfosis.

Yo era menor de edad. Era un cambio radical en mi vida. De nada me iba a servir el kárate. No venía a enfrentarme con nadie. Me trasladaba a vivir a una gran capital. Solo. Lejos de mi familia. Comenzaba a estudiar en la universidad. Si hubiera escrito una lista de todas las inseguridades que me atenazaban me hubiera faltado espacio en una cuartilla. Unos días antes del viaje mis padres me preguntaron:

—¿Prefieres ir en tren tú solo?

—¿Por qué? ¿No queréis acompañarme?

—Si quieres sí, pero a lo mejor prefieres que no te vean llegar con tus padres.

No podía creérmelo. Que el niño vaya solo para demostrar que es un hombre. Y cargado con las maletas para pasar ocho meses fuera de casa. Ni hablar, no les di opción. Así que a principios de septiembre me llevaron a Barcelona. Durante el viaje me advirtieron sobre las novatadas.

—Ya sabes que en estos sitios son habituales.

Me quedé callado en el asiento de atrás. Había oído hablar de esa costumbre y no quería ni pensar en ello.

—Tú no te signifiques. Hay que hacer como en la mili. Cuanto más desapercibido pases, mejor.

Cuando llegamos al Ilerdense fue todo muy apresurado. Mis padres subieron a la habitación para verla y ayudarme con las maletas, se despidieron y se fueron. Buscaban esa rapidez. Me habían acompañado, sí, pero seguían pensando que si los veteranos me veían llegar con mis padres sería peor para mí. Es lamentable, y seguramente tenían razón, pero fui afortunado y no nos cruzamos con nadie. Cuando se marcharon me quedé sentado en la cama con una extraña sensación de curiosidad y miedo, de inquietud y al mismo tiempo de ganas de descubrir mundo. Faltaba poco para la hora de cenar. Miré a mi alrededor. La habitación era triple, pero mis compañeros no llegarían hasta el día siguiente. Junto a la puerta había un armario enorme con tres compartimentos, luego las tres camas, y a los pies, una larga mesa de estudio. Unas estanterías recorrían toda la pared hasta la ventana del fondo, que daba al solar de las cuadras del conde Güell. Suspiré profundamente, me levanté y me puse a deshacer la maleta, ordenando pulcramente mi ropa en el armario. Después me tumbé en la cama, sin atreverme a salir de la habitación. Claro que había oído hablar de las novatadas. Recordaba las que me había contado mi tío José Antonio cuando vino a hacer la mili a Zaragoza. Eran brutales, rozando la salvajada. Allí, en aquella habitación, solo, esperando la hora de cenar, me invadió una terrible sensación de miedo anticipado. Yo la había experimentado muchas veces: en la sala de espera, cuando iba a hacerme las curas, cuando veía acercarse a los compañeros que me hacían *bulling* o cuando quedábamos con mis amigos con un grupo de chicas. Me quedé escondido en la habitación hasta la hora de cenar, sin tener nada que hacer. Notaba un olor muy diferente al de mi casa y que me resultaba extraño. Buscaba a mi alrededor algo para entretenerme y solo encontraba el blanco de las paredes, únicamente interrumpido por alguna antigua marca de chincheta. Y el silencio, penetrante, angustioso. Aún no existían los móviles. Estaba solo, no podía hablar con nadie. Me tumbé en la cama hasta que sentí los nervios detrás de la rodilla. Me levanté y di vueltas como un animal enjaulado, deteniéndome de tanto en tanto frente a la ventana para contemplar el solar medio abandonado de las cuadras. No se veía la calle, no se veía a nadie. Se me hizo un nudo en el corazón. Bajé al comedor poco antes de la hora límite, las nueve y media, con la esperanza de que todos hubieran acabado ya. Aún había pocos residentes en el colegio, la mayoría irían llegando la semana siguiente. El comedor estaba en la planta baja. Era una sala amplia rodeada de vidrieras, con filas de mesas para cuatro o seis comensales. En un lateral había una barra que daba a la cocina y junto a ella una pila de bandejas metálicas. La sala estaba medio vacía y pensé que había tenido suerte, pero pronto me di cuenta de que estaba equivocado.

—¡Eh, tú, novato!

No hice caso. Me acerqué al mostrador con las piernas temblando, cogí la bandeja, el vaso y los cubiertos y un camarero me sirvió con una sonrisa sarcástica. La comida olía bien, pero se me había pasado toda el hambre. Me di la vuelta y escuché de nuevo la misma voz ronca desde el fondo del comedor.

—Te hablamos a ti, puto novato. El de la cara sucia. ¿No te han enseñado a lavarte la cara?

Se me aceleró la respiración e intenté no mirar al grupo de seis chicos, supuse que eran veteranos, que me increpaban desde una de las mesas.

—¿O es que te han dado una hostia?

—No sufras, que te vamos a hacer una cara nueva como nos toques los cojones –dijo un segundo.

Dos de los veteranos llevaban la voz cantante mientras el resto les reían las gracias.

—Ni se te ocurra sentarte cerca de nosotros, asqueroso. Seguro que estás lleno de piojos y ladillas. No queremos que nos contagies.

—Pero no te preocupes que pronto os desinfectaremos a todos los novatos –añadió el otro.

Tenía las piernas rígidas y fui a sentarme a otra mesa lo más alejada que pude, mirando para otro lado. Me senté de espaldas a ellos y los oía carcajearse detrás de mí.

—Tienes miedo, ¿verdad? Pues no te faltan motivos, porque vas a desear no haber venido nunca.

—Se te va a caer el pelo, novato.

Luego me dejaron tranquilo, solo estaban calentando motores. Comí lo más rápido que pude, sin levantar la vista de la bandeja, sintiendo su presencia amenazadora a mis espaldas, y volví a mi habitación enseguida. Ni siquiera recuerdo qué había de cenar esa noche. Fui a lavarme los dientes con miedo de encontrarme con alguno de los que me habían increpado. Entreabrí primero la puerta, escuché hasta estar seguro de que no se oía ningún ruido, fui corriendo al lavabo, me cepillé a toda velocidad y volví corriendo a la habitación. Respiré aliviado y me acosté, aunque no tenía sueño. La primera noche fue tranquila.

Al día siguiente fui a desayunar a una cafetería fuera del colegio para no bajar al comedor. Por la mañana llegaron mis compañeros: Alberto, que había estudiado conmigo en corazonistas, y Jaime Alberto, un muchacho fuerte que venía de un pueblo de Santander, con el pelo muy oscuro y una nariz ganchuda que sobrevolaba unos labios carnosos e irregulares. Los dos estudiaban Arquitectura. Por pura casualidad, en la habitación estábamos un Jaime, un Alberto y un Jaime Alberto.

Para mí fue un alivio que llegara alguien conocido, aunque Alberto era muy tímido e introvertido. No hablaba demasiado. Enseguida hicimos buenas migas con Jaime Alberto. Mientras deshacían las maletas y les conté mi experiencia de la noche anterior con los veteranos.

—Ya –dijo Jaime Alberto–. Me han dicho que en este colegio las novatadas son muy fuertes.

—Bueno, esperemos que no se pasen mucho.

Alberto permanecía mudo.

Bajamos los tres juntos al comedor. Se podía distinguir claramente quiénes eran los nuevos, todos comían en silencio, mirando furtivamente a los veteranos. Cenamos soportando de nuevo un chaparrón de improperios y subimos a acostarnos. Pasada la medianoche nos despertó el ruido de unos fuertes golpes en la puerta. Alguien la estaba aporreando con todas sus fuerzas.

—¡Abrid, novatos! –gritaban–. Sabemos que estáis dentro.

Desde el pasillo llegaban multitud de voces y gritos.

—¡Que abráis, cojones!

Alberto y yo nos quedamos petrificados, sin movernos y sin ninguna intención de abrir.

Los golpes en la puerta hacían un ruido ensordecedor.

—Abrid o echamos la puerta abajo.

Al final, Jaime Alberto, visiblemente nervioso, se levantó de la cama y abrió.

Entró una horda de veteranos aullando como energúmenos.

—Putos novatos, esta noche toca revisión.

Alberto y yo nos incorporamos, sin saber qué hacer. Alberto con el ceño muy fruncido, como cuando se bloqueaba. Yo no sabía adónde mirar. Llegaban bramidos y órdenes de todos lados. Jaime Alberto dijo con su acento del norte:

—Joder, tíos, no os paséis.

Uno de los asaltantes se encaró con él y le chilló:

—¡Esto es la guerra y vosotros ni os habéis enterado! ¿Qué hacéis sin casco? ¡Venga, poneros las papeleras en la cabeza y cuerpo a tierra!

Los tres hicimos lo que nos pedían. Cuando estábamos tumbados en el suelo nos trajeron unas escobillas de baño.

—¡Ir disparando con las ametralladoras, que vienen los japoneses!

Mientras tanto, otros veteranos abrieron el armario y tiraron toda la ropa por el suelo.

—¡Pero mira que son guarros, mirad cómo tienen el armario, hecho una mierda!

—Y las camas sin hacer. ¿Si no sabéis cuidarlas para qué las queréis?

Cogieron el colchón de la cama de Alberto entre dos y lo tiraron por la ventana mientras nosotros continuábamos disparando con las escobillas desde el suelo. Cuando se cansaron se marcharon a buscar otros novatos dando un portazo enorme. Nos levantamos poco a poco. Alberto temblaba, yo respiraba aceleradamente. Nos miramos entre nosotros y Jaime Alberto resumió la situación con un joder seco y rabioso después de lanzar la escobilla contra la pared.

—¿Y ahora qué hacemos? –preguntó Alberto.

El cántabro se encogió de hombros, sentado en la esquina de la cama con la cabeza hundida.

—Y yo qué sé.

—Tendremos que ir a recuperar mi colchón, ¿no? –Alberto hablaba con un hilo de voz.

A mí me pareció una idea suicida.

—¿Qué dices tío? Cómo vamos a salir de la habitación.

Alberto daba vueltas frente al armario como si fuera un loco en la celda de un manicomio.

—Pero tengo que recuperar mi colchón. No lo vamos a dejar en el jardín toda la noche. ¿Cómo voy a dormir?

—¿Y si nos los encontramos?

Jaime Alberto trazó un plan.

—Estarán en otra habitación y si se acercan, con el follón que arman los oiremos.

Las habitaciones estaban a lado y lado de un largo corredor que salía frente a los ascensores. Había tres pisos y los novatos estábamos distribuidos aleatoriamente por los tres niveles. Desde detrás de la puerta podíamos escuchar el alboroto que había en nuestro pasillo. Debían estar visitando otras habitaciones. El jaleo se oía cada vez más lejano. Parecía que estaban en otro piso, pero decidimos esperar un rato con la esperanza de que, tarde o temprano, se irían a dormir. Dos interminables horas después nos pareció que la situación se había calmado y salimos en sigilosa expedición, pegados a las paredes, con los oídos atentos y listos para escondernos en los lavabos, o donde fuera, al menor indicio. Bajamos al patio y volvimos con el colchón, íbamos cagados.

Esta fue la tónica de las siguientes cuatro semanas. Nos levantábamos muertos de sueño y cada noche había algún sarao. Nunca sabías cuándo te iba a tocar. Una noche, los veteranos de Ingeniería anunciaron que había que medir el volumen medio del novato. Fueron metiéndonos desnudos en una ducha, cuando ya casi no cabían más cerraron la puerta y siguieron echando gente dentro por encima de la puerta, hasta que fue físicamente imposible meter a nadie más. Además de la vergüenza, estar hacinados junto a otros hombres desnudos era una situación muy violenta. Intentábamos mantener un mínimo espacio empujando con los codos y nos mirábamos unos a otros con cara de impotencia. A algunos se les escapaban las lágrimas. Ver llorar a hombres desnudos y humillados me impresionó. ¿Era necesario pasar por todo esto?

—Diecisiete –gritó uno de ellos–, el año pasado entraron dieciocho. Este año están más gordos.

Incluso en las novatadas había ciertos límites, o al menos algunos que yo no estaba dispuesto a traspasar. Más denigrantes aún que lo de la lucha, era el lavado del pelo, que consistía en obligarte a meter la cabeza en el váter y después tiraban de la cadena. Una noche me pillaron en los baños. Yo salía de la ducha con el albornoz cuando entraron cinco veteranos de cacería. Intenté pasar entre ellos, pero me cerraron el paso. Intenté evitar mirarles a los ojos.

—Otro piojoso, y a este no lo hemos desinfectado.

Ya había aprendido que lo mejor era quedarse callado. Si no reaccionabas se divertían menos y se desinflaban antes. Continuaron chillando.

—Tienes la cara llena de mierda, ¿tus padres no te enseñaron a lavarte? Necesitas una buena limpieza. ¡Tú, mete la cabeza aquí! –me gritó uno de ellos señalando la taza del inodoro.

El que más gritaba era un chico bajito de Madrid, ya empezábamos a conocerlos. Me quedé frente a la taza sin moverme, sin hablar y sin mirarlos. La misma estrategia que muchos animales adoptan frente a un depredador.

—¿No me oyes o qué? ¡Que metas la cabeza, gilipollas!

—No voy a hacerlo –me oí decir a mí mismo.

Tenía miedo, pero el asco era más fuerte que el temor. Empecé a pensar que la situación acabaría a hostias y que por mucho kárate que supiera, tenía las de perder contra cinco y en un sitio tan reducido.

Se me tensaron los músculos.

—Pero ¿tú qué coño te has creído? Te vas a lavar la puta cabeza como que me llamo Pablo.

El que hablaba me cogió por la nuca e intentó empujarme. Me solté con un golpe fuerte y seco en su antebrazo con la palma de la mano que le hizo bascular. El veterano dio un paso atrás con los ojos muy abiertos. Enseguida intervino otro.

—Eeeh, tranquilos. Vámonos, Pablo, que se hace tarde. Ya lo pillaremos otro día.

Me dejaron en paz. No podían usar la violencia porque se les hubiera caído el pelo. La dirección del colegio conocía perfectamente la existencia de las novatadas y las consentía tácitamente, fingiendo que no sabía nada, pero imponía un límite: no podía emplearse la fuerza física. Nadie traspasaba esa línea roja del mismo modo que nadie cuestionaba esa doble moral. La dirección no quería peleas dentro del colegio. Así que mis agresores se fueron y respiré aliviado. Yo me libré, pero sé de otros compañeros a los que les hicieron el lavado de pelo.

En general todos los nuevos nos sometíamos a las novatadas. Me sorprendía comprobar cómo aceptábamos estas situaciones de humillación sin rechistar. Éramos unos veinte y todos nos resignamos a pasar por esa pesadilla durante las cuatro primeras semanas. ¿Por qué no hubo una rebelión? ¿Por qué no había ninguna rebelión en ningún colegio mayor? Es difícil de explicar. Por un lado, existía un miedo real. Los veteranos entran en una dinámica de despersonalización de la violencia. Escondidos en el grupo no son ellos mismos, están haciendo un papel que es parte de la tradición y que les permite canalizar sus pasiones más bajas, o incluso hacer explotar sus frustraciones descargando su rabia contra el novato. Los gritos y las amenazas hacia ti llegan a atemorizarte realmente. Y excepto las dos novatadas generales, siempre se trataba un grupo numeroso de los antiguos que la emprendían contra uno o dos recién llegados, máximo tres. De esta forma, en pequeños grupos aislados o individualmente, era mucho más fácil coaccionarnos. Y por el otro lado, los recién llegados se someten buscando la aceptación del grupo y asumen acciones que consideran socialmente aceptadas e inevitables. Los jóvenes del pueblo *wayana* han de soportar el dolor de unos guantes llenos de avispas rabiosas en un rito de iniciación que simboliza su paso a la madurez. Nosotros nos rendíamos a un rito de vejación para ser admitidos en la tribu de los veteranos. Aquel que no sigue las novatadas queda excluido de la dinámica del colegio mayor. Se convierte en un paria al margen del grupo, y con dieciocho años este aislamiento es aún más doloroso que todas las bromas pesadas. Y por encima de todo esto, sobrevolando esta relación perversa, está la conciencia de grupo. Un novato no denunciará nunca a un veterano. Una vez más, convertirse en un chivato es lo peor de lo peor. Por muy mal que lo pases, por mucho que tiren de la cadena con tu cabeza en el inodoro, por mucho que te metan en una ducha con diecisiete chicos desnudos, no abrirás la boca. No traicionarás a tus compañeros, aunque te estén puteando vilmente.

Unos años después de mi paso por la residencia, las universidades prohibieron las novatadas a raíz de la muerte de un chico. A los estudiantes de Aeronáutica les hacían el bautismo de vuelo, colgándolos de una ventana atados por los pies. La cuerda se rompió. Pero se siguieron practicando y no fue hasta el dos mil veintidós cuando quedaron prohibidas por ley. Han tenido que pasar cuarenta y dos años antes de que se aprobara la ley que permite denunciar este trato vejatorio y humillante a jóvenes que aún están saliendo de su adolescencia. Seguí al rebaño, capeando como mejor podíamos los días de angustia y las noches de tensión. Hoy en día seguramente hubiera hecho lo mismo. Hubiera prevalecido la *omertá* y hubiera callado para no denunciar a mis compañeros. No creo que una normativa legal consiga acabar con las novatadas.

Pero todo tiene su fin. Después de cuatro semanas de sufrimiento se celebraba una cruel «fiesta de graduación». Los veteranos invitaban a sus amigos y amigas. El salón de actos, del tamaño de un cine, se llenaba hasta los topes para celebrar el gran Festival del Novato. Nos hicieron bajar a todos en ropa interior, cubiertos con una sábana, a una sala anexa al salón de actos. Allí tendríamos que esperar que nos llegara el turno para salir al escenario. Mientras aguardábamos, nos dieron un vaso de plástico e iban pasando llenándolos de alcohol: ponche, Pipermín, Licor 43, los típicos licores que nadie bebe en casa y que acabas tirando al cabo de los años. Cuando teníamos el vaso lleno, contaban hasta diez y teníamos que bebérnoslo de un trago. Luego pasaban a revisar los vasos y al que no se lo había acabado le tapaban la nariz y le hacían beber otro. Una hora después, cuando ya estábamos todos borrachos, empezaron a llevarnos al escenario de uno en uno. Mientras unos pasaban a la sala, el resto seguíamos esperando y nos ordenaron que mientras tanto fuéramos rezando el rosario. A algunos que no se sabían el padrenuestro los separaban para lo que llamaron el «trato especial». Cuando le llegó el turno al compañero que estaba a mi lado, intentó salvarse con un: Ave María, Dios te salve y a tu hijo también. Amén.

No pude evitar reírme.

—¿De qué te ríes, novato? ¿Te hace gracia que tu compañero sea un ateo de mierda?

El vigilante se colocó detrás de mí, podía sentir su aliento en mi nuca. Pero entre los nervios y la borrachera que llevaba encima, no pude contenerme y se me escapó otra vez la risa. Acabamos los dos, el ateo y yo, en el rincón de los de trato especial, junto con otros tres muchachos y uno más que enviaron más tarde porque se negó a rezar. Al final del espectáculo nos subieron a los seis al escenario, nos colocaron semidesnudos frente al público. Chicas y chicos que reían alborozados. Miré a mis compañeros sin saber qué podía esperar y percibí en sus rostros el mismo desconcierto y temor que yo sentía. Los espectadores gritaban y nos insultaban. ¡Novatos! ¡Gilipollas! ¡Maricones! Entonces entraron unos veteranos con jarras en las manos y nos tiraron por la cabeza salsa de tomate y harina, se alejaron rápidamente y desde la platea empezaron a llovernos huevos que habían repartido entre los asistentes. Yo intentaba esquivar los huevazos mientras escuchaba los silbidos y las carcajadas. Sentía la rabia crecer dentro de mí. Los huevos caían con fuerza y según donde te impactaban dolían de verdad. Me cubrí la cabeza por miedo de que un huevo me alcanzara en plena cara. No me di la vuelta para verlos venir y esquivar los que podía. Cuando se cansaron y se les acabaron los huevos nos dejaron ir. La rabia dejó paso a la alegría. Se había acabado, ya no éramos novatos. Quizás fuéramos cobardes, sí, pero habíamos superado la prueba. Ya éramos un grupo de amigos de primer año y el año siguiente seríamos veteranos. Subimos a ducharnos, algunos nos abrazamos de pura alegría, completamente rebozados. Debajo de la ducha, con la cabeza hacia atrás, dejaba correr el agua caliente sobre mi piel con la sensación de que se llevaba algo más que toda la angustia de esas semanas. Con el presentimiento de que debajo de esa capa de tomate, huevo, harina y vejación estaba emergiendo un hombre nuevo.

Era un veterano. Con derecho a hacer novatadas.

20

¿HACIA DÓNDE SE BARREN LAS ESCALERAS?

DE LOS CIENTO cuarenta que empezamos, solo cincuenta íbamos a pasar a segundo. El primer año de carrera en el Instituto Químico de Sarriá era cruel y selectivo, casi dos terceras partes se quedarían en el camino. Se trataba de un curso exigente en el que incluso los mejores tenían que dejarse la piel. Además, para mí era la primera vez que estudiaba con chicas y me sentía un poco cohibido delante de mis compañeras. Ellas tenían dieciocho o diecinueve años, y a esa edad una chica ya es toda una mujer. Yo aún no había cumplido los dieciocho y era todo un crío. Ya he dicho que tenía cara aniñada y eso era uno de los factores que hacía que afloraran todas mis inseguridades, que eran muchas. Ni siquiera podía dejarme barba para parecer mayor porque en la zona del injerto solo me salían los escasos pelos de la pierna. Los primeros días de universidad actuaba con discreción e interaccionaba más bien poco con mis compañeros. Me sentaba en las primeras filas, saludaba al compañero de al lado, evitaba el contacto visual directo y no hablaba con nadie si no me preguntaban. Pero era plenamente consciente de mis miedos y mis incertidumbres. Tenía claro que no era culpable de mis cicatrices y que no me iba a permitir a mí mismo avergonzarme por ello. Hacía poco había leído un cómic en el que el protagonista, antes de adentrarse en un bosque en llamas para rescatar a un compañero, decía: no es que los valientes no tengan miedo, tienen tanto como el resto, pero no dejan que ese miedo les impida hacer lo que creen que deben hacer. Me había dado mucho que pensar. Mi accidente, mis heridas, todo lo que había pasado en mi infancia había dejado una profunda cicatriz emocional. No se trataba de negar mi timidez ni mis temores, ni el miedo a sentirme despreciado, ni el desasosiego que me producía mi relación con las chicas. Se trataba de aceptarme como era, admitir mis debilidades y reconocer que, aunque mis miedos venían del accidente, no iba a poder cambiar mi pasado. Solo podía cambiar mi futuro.

Había superado las novatadas, podía sostenerle la mirada a cualquiera hasta obligarle a bajar los ojos, estaba empezando la universidad con nuevos compañeros, me había mudado a Barcelona y vivía en un colegio mayor. Todo en mi vida era nuevo. Tenía que aprovechar para hacer un *reset*.

Me forcé a hablar con otros compañeros y sobre todo me forcé a hablar con las chicas. Al principio no tenía ninguna gana de decirles nada. Me daba vergüenza y me abrumaba empezar a tratar con alguien que no conocía. Pero me obligué, de forma totalmente consciente, a iniciar conversaciones en contra de la opinión de mi otro yo. Era casi una esquizofrenia. Había un Jaime tímido y vulnerable que solo quería sentirse protegido dentro de su caparazón, y había otro frío y racional que había decidido no tener miedo. Y el segundo Jaime se imponía al primero y decidía exponerse, convencido de que, si me dan una hostia, ya volveré a levantarme.

A veces les preguntaba cosas fingiendo que no había entendido algo en clase:

—¿Perdona, tú has entendido lo de la simetría cristalina?

O preguntas más intrascendentes.

—¿Dónde has conseguido esa carpeta clasificadora?

Aunque sabía perfectamente que las vendían en El Corte Inglés. Era una forma de intentar que ellos me hablaran. Si continuaban la conversación me sentía mucho más cómodo, tenía la sensación de que me veían como uno más.

Hice amistad con algunos de mis compañeros, estos a su vez tenían algunas amigas y formamos un grupito muy majo. Cinco chicas y cinco chicos que nos reuníamos los sábados para estudiar y hacer ejercicios de algunas asignaturas: ellas muy seriamente, nosotros pensando más en la merienda, ya que las madres se enzarzaron en una especie de competición para ver cuál de ellas nos alimentaba mejor. Después quedábamos todos juntos para salir de fiesta. Más de cuarenta años después nos seguimos viendo y siento por ellos un cariño inmenso. Fue el primer grupo donde se integró el nuevo Jaime. El primero donde me sentí un igual y fui capaz de olvidarme de mi cicatriz, o al menos de que no me importara.

El curso fue avanzando. Volví a casa para las fiestas del Pilar, aún con diecisiete años, y cogí una borrachera monumental. Le habrá sentado algo mal, pensaba mi madre, que lloraba cada vez que daban por televisión un anuncio de turrones en el que cantaban: Vuelve, vuelve a casa por Navidad. Volví a casa por Navidad y lloró aún más. Regresé a Barcelona en enero, pero no hacía frío. Acostumbrado al cierzo y al clima de Zaragoza, pasé mi primer invierno en la Ciudad Condal sin ponerme un solo día el abrigo. Volví a la rutina, estudio por las mañanas y clase por las tardes, de cuatro a ocho, mientras los días se iban acortando.

158 | Jaime Tomás

El lunes veintitrés de febrero de mil novecientos ocenta y uno se hizo trizas la monotonía del curso. En plena clase de Cálculo oímos un portazo a nuestras espaldas y el profesor se quedó perplejo con la tiza en la mano. Al ver su cara de estupor nos volvimos todos a una, intrigados por la causa de su sorpresa y vimos entrar precipitadamente el catedrático de Álgebra. Y aunque este hombre era la viva imagen del matemático loco, nos extrañó que entrara en el aula de manera tan precipitada y el estado de agitación en el que atravesó el aula, medio corriendo. Subió de un salto a la tarima y cuchicheó algo a su colega. Un rumor sordo se iba extendiendo por la clase conforme los alumnos, con cara de pasmo, empezamos a preguntarnos unos a otros qué coño debería de estar pasando. Después de hablar con el profesor, el catedrático se volvió y gritó: señores, la Guardia Civil acaba de tomar el Parlamento. Se trata de un golpe de Estado. Váyanse a sus casas. Nos quedamos sorprendidos, sin comprender del todo la magnitud del hecho. Éramos gente de ciencias y no estábamos tan politizados como en otras carreras. Salimos de la facultad, ya había oscurecido. Volví caminando e inquieto por lo que pudiera encontrarme. Las calles tenían un aspecto fantasmal: casi no había tráfico y solo me crucé gente con el semblante serio que andaba apresuradamente sin mirar a nadie. Supongo que tenían prisa por llegar a sus casas y enterarse de lo que había ocurrido. Yo mismo andaba con el aliento contenido. Cuando llegué al colegio mayor casi todos los residentes estaban reunidos en la sala de estar comentando lo sucedido. Era una estancia grande, llena de sillones forrados con una tela jaspeada marrón y con un gran televisor colgado en alto en la pared del fondo. Nadie sabía bien lo que pasaba. Algunos que estaban viendo el debate de investidura a las seis y media nos explicaron que habían entrado unos guardias civiles en el Parlamento pegando tiros. En aquella época no existían los teléfonos móviles ni internet y la única fuente de información era la televisión y la radio, pero en la tele todos los canales emitían marchas militares. Alguien trajo una radio, sintonizaron la SER, marchas, RNE y la COPE, más marchas militares. La sensación de estar incomunicados, sin saber qué ocurría en el exterior era muy inquietante, daba miedo. Intenté llamar a mis padres, pero las líneas telefónicas estaban bloqueadas. Nadie conseguía hablar con su casa. La única llamada que entró fue de Comandancia Militar, para ordenar a dos de los estudiantes que habían hecho la mili en los COES que se presentaran inmediatamente en el cercano cuartel del Bruch. El primer chico que consiguió hablar con su casa era de Valencia y aún nos asustó más: mi padre dice que están pasando tanques por delante de casa. Más tarde supimos que el general Milans del Bosch había sacado a pasear los blindados por la ciudad. Algunos estudiantes, especialmente de Derecho y Periodismo, que estaban más comprometidos con la izquierda o el catalanismo, y sobre todo los vascos, debatían en un corrillo si quedarse o largarse lo antes posible donde no fuera fácil encontrarlos. Todo el mundo estaba muy nervioso y asustado. Para mí fue una toma de conciencia política. Yo no estaba especialmente comprometido. Aparte de alguna manifestación en defensa de los riegos y la autonomía de Aragón, solo había corrido un par de veces delante de los grises. Me había tocado vivir la Transición, pero era muy joven para entender lo que sucedía. La muerte del dictador fue casi una anécdota para un niño de trece años recién cumplidos. Fue mucho más tarde cuando supe interpretar los hechos que había vivido como espectador. El hecho de ver a mis compañeros de residencia, que me parecían chicos corrientes, desencajados y rotos por el miedo, me hizo darme cuenta de que eso era extremadamente grave. Había tenido algunas diferencias de opinión con el grupo de euskaldunes. Unos chicos del norte francos y divertidos, pero que cada vez que salía el tema de ETA se cerraban en banda y nos decían que no teníamos ni puta idea de la realidad del País Vasco y que no sabíamos nada de lo que pasaba allí. En ese momento, los tres se movían inquietos por la sala de televisión, escuchando las marchas militares sin sentarse ni un momento, sudando y rascándose la barba sin parar. Hablaban de un conocido que podría esconderlos. Al verlos tan acojonados pensé que igual eran etarras. Pero luego vi muchos otros que no eran vascos y estaban igual de acojonados. Para mí fue un punto de reflexión. El miedo en el ambiente era tan intenso que podía olerse y eso me confundió. Fuera de la órbita de mis padres, que no eran franquistas pero que podíamos decir que eran gente de ley y orden, descubría un mundo desconocido para mí, en el que unos chicos como yo tenían miedo por defender sus ideas, cualesquiera que fueran, y eso me despertó extraños sentimientos. En mi casa, como en muchas otras, no se hablaba, o se hablaba poco, de política. Fue una revelación de cómo la represión y el terror acaban condicionando la vida de las personas, impregnan hasta tal punto la sociedad que la gente corriente lo asume en silencio para evitar problemas.

No fue hasta cinco o seis horas más tarde, después del discurso del Rey bien entrada la madrugada, cuando conseguí hablar con Zaragoza. Todos los residentes estábamos distribuidos entre el salón y el comedor, comentando los acontecimientos y compartiendo la información que podíamos conseguir, que era muy poca. Nadie se iba a dormir. Yo comía unas patatas chips que me había comprado para quitarme la ansiedad cuando me avisaron de recepción, tenía una llamada. Eran mis padres. Mi madre estaba muy asustada y no paraba de repetir, ten cuidado, hijo, ten cuidado. Con voz temblorosa me dijeron que habían conseguido hablar con mi tío y que, si se complicaban las cosas, en cuanto pudiera él vendría a buscarme para llevarme a su casa de Sant Boi. Por si no podía llamarme para avisar de que venía, acordamos que no me movería del colegio mayor hasta que no se aclarara la situación. Después del discurso del rey la televisión reanudó las emisiones y pasamos casi toda la noche en vela, jugando a las cartas para quitar los nervios. Debían de ser las cinco o las seis de la mañana cuando me fui a dormir. Me desperté tarde y cuando bajé de la habitación los golpistas ya se habían rendido. La sensación general era de alivio. Por la tarde fui a clase como un día cualquiera. Solo había un tema de conversación y como yo tenía información de diferentes puntos del país a través de mis compañeros del colegio mayor, pude intervenir en las discusiones y me ayudó a afianzar mi confianza dentro del grupo. Fue un hecho histórico del que se hablaba y se debatía en todo momento, y para mí la excusa perfecta para arrinconar mi timidez y estrechar lazos con mis nuevos compañeros.

Fui venciendo mi vergüenza. No fue algo rápido, fue una guerra tenaz, con avances y retrocesos constantes. Aunque la causa de mi retraimiento no era tanto la vergüenza como la inseguridad. El miedo a sentirme herido, el pánico a ser de nuevo el diferente y a sentirme excluido por ello. Durante mi adolescencia me había recubierto de una capa de suspicacia, era una coraza que me protegía. Recelaba de cualquier comentario y lo interpretaba de la peor manera posible. Era mi manera de protegerme. Tenía una herida en la que no quería que nadie hurgara y por eso al menor peligro me enrollaba como un armadillo. Pero ser un armadillo a los dieciocho años es muy duro y yo quería luchar contra ello.

Me sentía a gusto con mi cambio de vida, pero nada es perfecto. Me resultaba curioso que en la universidad nadie me hubiera dicho nada de mi cicatriz. Solo en alguna ocasión, cuando yo había mencionado mi accidente, me habían preguntado qué me había pasado. A mí esto me generaba un sentimiento bipolar. Por un lado, me hacía sentir cómodo, era como si la cicatriz no existiera, pero por otro lado era consciente de que si no me interpelaban no era porque no tuvieran curiosidad, sino porque eran educados y esa pregunta les hacía sentir violentos. No era una situación natural. Pensar en esto me arrastraba a una idea en bucle. Me repetía a mí mismo: no me preguntan porque no quieren que me sienta mal, porque piensan que si lo hacen me sentiré incómodo y porque lo ven como un defecto que tengo, algo de lo que puedo avergonzarme.

Es lo malo de los traumas, que te llegan a ofuscar y entonces es muy difícil salir del círculo vicioso. Yo no quería que me preguntaran para no pensar que me veían como a una persona marcada, que me veían como un ser horroroso que les causaba repulsa, alguien diferente a ellos. Pero si no me preguntaban acababa pensando lo mismo. Mi cicatriz se convertía en un agujero negro alrededor del cual orbitaban todas mis obsesiones y que conseguía engullir cualquier idea que apareciera en mi universo. Tenía que hacerlo explotar. Al igual que las orugas, necesitaba una metamorfosis. Una transformación, aún no sabía muy bien en qué.

Aquel primer año de universidad no resultó fácil. El esfuerzo fue titánico. Conocer gente nueva. Obligarme a mí mismo a vencer la timidez, a hablar con desconocidos aun sabiendo que me temblaría la voz al hacerlo. Acercarme a otras personas porque lo había decidido a pesar de la congoja atravesada en la garganta, del paralizante miedo al rechazo y a las miradas mal disimuladas a una cicatriz que no podía ocultar.

Lo fui consiguiendo poco a poco dentro de mi grupo de amigos. Como ya me conocían, no tenía la sensación de que cada vez se fijaran en mi cicatriz. Quedábamos para estudiar y también para ir de fiesta. Cuando salíamos a tomar algo yo tenía fama de incombustible. El concepto de salir de fiesta en Barcelona era muy diferente que en Zaragoza y yo no acababa de entender que no fuéramos saltando de un bar a otro hasta la madrugada. Me gustaba bromear con las chicas del grupo haciéndoles preguntas sin sentido como hacia dónde se barren las escaleras, de abajo arriba o de arriba abajo. Es una pregunta estúpida que me inventé porque me gustaba ver cómo reaccionaban. Ya que les preguntaba con cara muy formal y me veían pinta de inocente, algunas me contestaban todas serias, razonando su respuesta: se barren hacia abajo, hombre, que así va cayendo la porquería de una escalera a otra. Años más tarde, cuando teníamos tanta confianza que habíamos perdido el miedo a herirnos, en alguna noche de confidencias, sentados en cualquier bordillo, llegamos a hablar de mi cicatriz y de mis manías. Siempre he intercambiado más confidencias con mujeres que con hombres. Creo que es porque estoy tan convencido de que no les despierto el más mínimo interés sexual, que no me ven como un depredador nocturno y pierden el miedo a sincerarse. Es muy frustrante. O será por cualquier otra cosa, ya no lo sé, porque en mis relaciones con las mujeres nunca he conseguido pensar con claridad y mis obsesiones y mis miedos danzan alrededor de la realidad, proyectando sobre ella sus inquietantes y alargadas sombras hasta que cualquier certeza se transforma en una dolorosa duda. El hecho es que varias de mis amigas insistían en lo mismo, decían que cuando me miraban no veían mi cicatriz. Por supuesto, yo me negaba una y otra vez a creerlo, convencido de que debía cargar con mi estigma y que no necesitaba la compasión de nadie.

Pero, poco a poco, las fui creyendo. Fui subiendo escalón a escalón. Y fui consciente de que lo que necesitaba era conseguir llegar a lo alto de la escalera. Y desde allí empezar a barrer, empujando peldaño a peldaño toda la mierda que se había acumulado a la subida. Hacia abajo, para que la porquería no pudiera volver a subir.

21

EL VÉRTIGO DEL PRECIPICIO

MI PRIMER BESO fue patético.

Unas fiestas del Pilar. Un piso sombrío. No recuerdo nada, solo la cabecera de madera de una cama que de alguna manera logró traspasar la neblina de alcohol que me envolvía para fijarse en mi memoria. César, Luis, tres amigas y yo. Una de ellas era prima de César, vivía en Suiza y había venido a Zaragoza para fiestas. Ni siquiera recuerdo su nombre. La llamaré Sofía. Qué importa el nombre. Con unos cubatas encima yo era un tipo divertido y le caí simpático. O quizás mis amigos le dijeron que era un pobre desgraciado que necesitaba una mujer que le ayudara a perder la virginidad. Yo siempre sospechaba cuando una mujer se acercaba a mí. Sofía y otra de las amigas me empujaron sobre la cama. Me desabrocharon el cinturón y el botón del pantalón. Sofía se tumbó a mi lado y empezó a besarme. El beso sabía a alcohol, tenía un gusto amargo de cerveza mezclada con vodka. Un gusto amargo de beso vacío. Deslicé mi mano entre sus piernas bajo la falda y mis dedos se mojaron. Entonces ella se apartó de mí y al girarse se cayó por el borde del colchón. El susto le hizo gritar y quedó sentada en el suelo, con la minifalda medio subida y sosteniéndose con un brazo sobre el colchón. Empezó a llorar con sollozos desenfrenados.

El resto de los amigos, que estaban desperdigados por las habitaciones, vinieron a ver qué pasaba.

—No puedo hacerlo –balbuceó Sofía–. Tengo novio. No puedo hacerle esta putada a mi novio.

Yo estaba desconcertado, seguro que ponía cara de imbécil.

—Lo siento –gimoteaba ella desde el suelo–, lo siento.

—Tranquila, no pasa nada.

Mentí, pero qué otra cosa podía decir. Cogí las gafas de la mesilla y al ponérmelas noté en mis dedos un fuerte olor a orina. Sentí asco. Me incorporé y la cabeza me empezó a dar vueltas como un carrusel que se aceleraba por momentos. No sé si fue la repugnancia o el efecto del alcohol, pero me inundaron unas náuseas terribles. Tuve que ir corriendo al baño aguantando como podía las arcadas y vomité sin control. El resto de la noche se ha borrado de mi memoria. No volví a ver a Sofía.

Mi segundo beso fue una oportunidad desaprovechada justo antes de las vacaciones de verano. Estábamos en lo que entonces llamábamos un *pub* inglés, que en los años ochenta se pusieron de moda. Luz tenue, música suave, mesitas discretas y cócteles con nombres extraños. Ella era una chica clásica, con una media melena rubia siempre perfectamente arreglada, aunque con la poca luz del local era difícil distinguir el color del pelo. Me costó lo inimaginable y una hora de rodeos acercar mis labios a los suyos. Nos besamos con suavidad. Recuerdo su cabeza ligeramente reclinada hacia atrás con los ojos cerrados. Acaricié su pierna por encima de los pantalones y mis manos se detuvieron sobre el perfil de la costura de las bragas, la recorría suavemente con la punta de los dedos sin ir más allá. Tenía la sensación de caminar por el borde de un precipicio. Sentía un vértigo que me impedía acercarme más. En la montaña, cuando estás en un paso difícil y el vértigo te invade, el primer efecto del miedo es una flojera en las piernas y después la moto: te empieza a temblar el pie como si estuvieras cambiando de marchas. Me pasaba lo mismo, me temblaba la mano. Quizás les ocurre lo mismo a muchos chicos, pero para mí era una consecuencia de la falta de confianza que me había producido mi herida. Estuvimos un rato besándonos, ella tenía que volver a casa y al salir me dijo: gracias por respetarme. Su comentario me descolocó. Le contesté que no tenía que agradecerme nada e inmediatamente mi mente empezó a elucubrar sobre el porqué me daba las gracias. Concluí que a ella le hubiera gustado ir más lejos, que mi mano hubiera traspasado la frontera de la costura, y que interpretó mi actitud como la de un caballero que respeta el honor de una dama. A los lectores jóvenes les costará entenderlo, pero en aquellas épocas la educación de las mujeres era castrante: no podían manifestar sus deseos. Una mujer podía insinuarse sutilmente, dejarse hacer, pero nunca daba el primer paso, debía esperar a que el hombre tomara la iniciativa. Por supuesto había algunas excepciones, que enseguida eran etiquetadas de desvergonzadas en el mejor de los casos. Para los hombres, ligar era un frágil equilibrio en el que debías interpretar correctamente las señales, valorar hasta dónde podías llegar y no traspasar fronteras no permitidas sin mencionarlas directamente. Después de reflexionar decidí que había perdido mi oportunidad y por alguna razón me sentí como un bobo. Cuando estás lleno de inseguridades no te atreves ni siquiera a acercarte al precipicio. El vértigo me había dominado. Llevaba demasiadas magulladuras encima como para arriesgarme a recibir más golpes.

Cuando se lo conté a mi amigo César, confirmó lo que yo ya sabía.

—Tú eres tonto, tío. Lo que has de hacer con una tía es liarte la manta a la cabeza y tirarte encima. Si no, no vas a conseguir nada. Lo peor que te puede pasar es que te digan que no.

Seguramente él era incapaz de imaginar lo duro que podía ser para mí un no de rechazo, hasta qué punto cada uno de estos noes podía llegar a socavar mi autoestima.

Seguramente tenía razón, aunque me costara reconocerlo.

Años más tarde me enamoré de Montse. Ella, una chica fuerte e inteligente que un día, sobre la hierba del foso del castillo de Montjuïc, me dijo que la ponía a cien, y que me enseñó que la atracción no es solo un tema físico. Salté al precipicio muerto de miedo y luchando contra mi propia incredulidad. Me costó hacerlo, porque llevaba tantos años reprimiendo mis sentimientos para protegerme que ni yo mismo era capaz de reconocer mis emociones, y mucho menos de expresarlas con naturalidad. Mi corazón era como una muralla cerrada a cal y canto, lo que pasaba en él quedaba dentro y solo de vez en cuando era capaz de abrir una rendija para dejar salir algo. Me costó muchos años ir derribando esa muralla. No ayudó para nada mi mente científica y racional, expresar las emociones aún es mi asignatura pendiente. Es posible que esa sea la peor secuela que me dejó el accidente, la que más detesto. Esconder las emociones. Me gustaría que brotaran de forma espontánea, dejarlas aflorar sin miedo, pero soy capaz incluso de escondérmelas. Para crear una situación aún más absurda y contradictoria, siempre he sido una persona muy sensible. He de contener las lágrimas en muchas películas, se me hace un nudo en la garganta cuando explico escenas emotivas y he llegado a llorar frente a un cuadro solo porque su belleza me sobrepasaba. Quizás es el contrapeso a la frialdad con la que me defendí tantos años, una frialdad que de tanto fingirla acabé interiorizando. O quizás son, simplemente, todas las lágrimas que no llegué a llorar.

Montse, aquella chica fuerte e inteligente, supo ver un poco más allá de la muralla. Con ella aprendí a amar y descubrí el poder sanador del cariño. Juntos construimos un hogar y tuvimos tres hijas maravillosas, tremendamente capaces y luchadoras, que saben ver nubes donde los demás solo vemos cicatrices.

22

LOS AMOS DE LA MONTAÑA

La transformación tenía que ser completa. Necesité mi tiempo. En mi adolescencia había sido un negado para los deportes: era otro capítulo pendiente en mi dañada autoestima. Cerca de la treintena empecé a participar en carreras populares. Con un grupo de diez *runners* entusiastas fundamos Corredors.cat, el primer club deportivo virtual, que fue todo un referente en el mundo del atletismo catalán. Y ya en mi madurez corrí varias maratones, entre ellas la de Nueva York, completé un par de 'ironman' y varios 'ultratrails'. Recuerdo con especial orgullo la famosa travesía Cavalls del Vent. Con cuarenta y siete años para mí fue una epopeya épica. Me había entrenado durante doce meses con un grupo de amigos, todos un poco locos, con el objetivo de completar esta prueba. Es una carrera libre en la que puedes salir de cualesquiera de los ocho refugios del macizo del Cadí-Moixerò y has de recorrerlos todos, sellando el pasaporte de paso en cada uno de ellos para completar en menos de veinticuatro horas los ochenta y dos quilómetros de recorrido con más de diez mil metros de desnivel. Decidimos intentarlo en junio, los días son más largos y el calor no es tan intenso. Hacia las siete de la tarde llegamos los seis al refugio Lluís Estasen, al pie del Pedraforca, dispuestos a iniciar la aventura. Recogimos nuestros pasaportes y revisamos las mochilas. Después de tantos meses preparándonos, el tiempo no acompañaba. Estaba lloviendo y decidimos esperar y cenar algo en el mismo refugio. La tormenta no aflojaba y el dormitorio estaba lleno, no había sitio para nosotros, pero cuando apagaron las luces el guarda nos permitió quedarnos en el comedor. Nos echamos sobre los bancos protegiéndonos del frío con una manta térmica. Los nervios no me dejaban dormir. A medianoche cesó la lluvia y un poco después decidimos partir. Cuando salimos, con todas las luces apagadas, el bosque alrededor del refugio parecía la negra boca del averno dispuesta a engullirnos. Me vino a la mente aquella noche de verano en los Monegros. Desde la perspectiva del tiempo me vi de niño, saliendo al exterior para enfrentarme a la oscuridad y a mis miedos, dispuesto a dar la vuelta al *mas* para demostrar a los demás que tenía valor para hacerlo. Ahora salía otra vez al exterior, otra vez de noche. Esta vez el recorrido era mucho más largo y era a mí mismo a quien quería demostrar que podía hacerlo. Ya no tenía miedo, solo el temor a romperme en el camino.

Cargamos nuestras mochilas e iniciamos el descenso hacia el siguiente refugio. El camino era un continuo sube y baja. De noche el bosque parecía encantado y la luz de nuestros frontales hacía bailar sombras mágicas entre los árboles. La tormenta había dejado un aire gélido y el suelo embarrado nos hacía resbalar por la pronunciada pendiente. Paramos cinco minutos en el Gresolet para sellar nuestros pasaportes y empecé a temblar de frío a pesar del cortaviento que llevaba puesto. Agradecí que nos pusiéramos de nuevo en marcha para continuar la ruta sin perder más tiempo. Salió la luna mientras remontábamos el valle por un bosque tan espeso que no dejaba ver el cielo. Cuando llegábamos a un collado, la luz del satélite dibujaba un impresionante paisaje de crestas recortadas contra las nubes. De tanto en tanto, entre los arbustos aparecía el brillo furtivo de los ojos de algún animal que huía al verse sorprendido. Al cabo de unas horas iniciamos la dura ascensión de los Empedrats, un laberinto de rocas, cascadas y arroyos serpenteantes con el agua del deshielo. Llegamos al refugio Sant Jordi, sellamos los pasaportes y reemprendimos la marcha. El amanecer asomaba tras las cimas. Agradecí el tenue calor del sol mientras trotábamos de nuevo hacia el valle. Un par de horas después llegamos a Greixer, el punto más bajo del recorrido a ochocientos treinta y cinco metros. Allí el valle se estrecha y se cruza la única carretera que encontraríamos en todo el recorrido. Llevábamos ocho horas de marcha y el cansancio comenzó a hacer mella. Los gemelos se me endurecían por momentos y los muslos me dolían después de la prolongada bajada. Nos detuvimos a descansar junto al río. El agua brincaba caprichosa entre las piedras, los pájaros saludaban la salida del sol y el viento nos susurraba cualquier cosa entre las hojas de los árboles. Nos enfrentábamos a la subida más larga de la travesía: mil seiscientos metros de desnivel de una tacada hasta coronar el pico de la Tossa d'Alp a más de dos mil quinientos metros. Nada invitaba a seguir. Dos de mis compañeros nos anunciaron con mirada seria que habían decidido abandonar. Desde allí se podía llegar andando al pueblecito de Bagà, a unos cinco kilómetros. Me dio un bajón tremendo. Estuve dudando unos minutos y al final les dije que yo abandonaba también, pero mi amiga Anna, con quien había compartido múltiples entrenos, me pidió que siguiera.

—No puedes dejarlo ahora. No me jodas, Xino, que me dejarás tocada. Si tú no sigues yo lo dejo también.

Mis amigos me llamaban Xino porque mi *nickname* en Corredors.cat era xinoxano42195.

—Hostia, Anna, no me chantajees. No me veo capaz de acabar y no hay vía de escape en los siguientes veintitrés kilómetros hasta que volvamos a bajar por el lado de la Cerdanya.

Una ráfaga de viento levantó un intenso rumor de hojas en las copas de los árboles. Levanté la vista. Las enormes encinas eran como aquellas pintadas en el cuadro del ciervo herido, acosado en medio del bosque por los aterradores canes. Por un momento me imaginé que éramos ciervos en la arboleda. El cansancio era nuestros particulares mastines. Cuando bajé la mirada, Anna seguía con sus ojos casi llorosos fijos en los míos.

—Pues ya te lo he dicho, Xino. Si tú no sigues yo abandono también.

Anna estaba muy fuerte, podía hacerlo perfectamente. Tenía que ayudarla de alguna manera. Tomé una decisión. No me rendí en la sala de curas y no me rendiría ahora, seguiría luchando con el sabueso del agotamiento dentelleándome el cuello para que Anna continuara.

—Vale, os acompaño hasta Comafloriu para que Anna no lo deje y allí me daré la vuelta.

Cruzamos el río e iniciamos la subida. El sendero remontaba primero por un bosque de abetos hasta el refugio del Rebost, con sus características contraventanas de madera verde. Sellamos el pasaporte y retomamos el sendero, que desde allí atravesaba prados de montaña inundados de flores. Sobrepasamos los dos mil metros y nos detuvimos en Comafloriu junto a una pequeña placa de hielo que aún quedaba en una umbría. Después de la lluvia el aire estaba límpido y la belleza del Cadí se desplegaba frente a nuestros ojos. Desde allí divisábamos toda la cordillera: la Tossa, Peñas Altas, el Moixerò, el Comabona y el Pedraforca. Dejé la mochila y me senté con el corazón encogido. La belleza me conmueve. Tal como habíamos quedado anuncié:

—Bueno, chicos. Yo tiro para abajo. Venga, Anna, ya te he acompañado hasta aquí, ya no queda nada hasta la cima. Tú sigue que vas muy bien.

Jaume, otro de mis amigos, me miró como si yo no pudiera haber dicho una estupidez más grande.

—¿Ahora que has llegado hasta aquí? ¡Venga, Xino! Calla y camina.

Y sin decir nada más se dio la vuelta y reanudó la subida. Dudé. Me acordé de Paul, mi profesor de kárate, cuando nos decía que teníamos que aguantar el dolor, porque quejarse solo servía para que tu contrincante pudiera derrotarte más fácilmente. Creí por un momento que la montaña era mi contrincante, pero enseguida me di cuenta de que el contrincante era mi propia mente. Casi siempre nuestro peor adversario está dentro de nosotros mismos. Animado por la confianza de mi amigo, o quizás embrujado por la sobrecogedora belleza de la cresta, me eché la mochila a la espalda y seguí en silencio. Los prados de montaña dejaron paso a las rocas y la pendiente se hizo más pronunciada. La subida era extenuante, respiraba con dificultad para seguir el paso de mis compañeros, los cuádriceps y los gemelos me dolían a cada paso. A cada zancada anticipaba el pinchazo y el latigazo de dolor que me recorría las piernas, como cuando en las curas de la quemadura anticipaba el suplicio del pellizco al arrancarme las costras y el ardor brutal del alcohol sobre la carne viva. Pero esta vez el dolor tenía un sentido. Cuando divisamos la cumbre de la Tossa d'Alp y el refugio del Niu de l'Àliga me sentí aliviado. Era el punto más alto del recorrido. Sellamos los pasaportes, comimos unos pocos frutos secos y una barrita energética, rellenamos las cantimploras y seguimos nuestro camino. Empezamos a trotar descendiendo por una pedregosa pala, subimos cresteando a Peñas Altas y bajamos al Serrat de les Esposes. El calor era intenso, estaba empapado de sudor, tenía calambres en las piernas y los dedos de las manos hinchados como butifarras. No nos detuvimos en el Serrat, queríamos llegar a comer en Cortals de l'Ingla. Una hora más tarde estábamos sentados frente un plato de macarrones a la boloñesa que nos preparó el guarda. Creo que son los mejores macarrones que he comido en mi vida, tenía un hambre descomunal. Nos detuvimos el tiempo justo para comer y a media tarde continuamos el recorrido. Llegué exhausto al refugio de Prats d'Aguiló después de cinco horas cresteando arriba y abajo. Anochecía ya y el perfil del paso de Gossolans se dibujaba contra las últimas luces del día. Me desplomé en un banco y pedí un Aquarius. Me dolían todos los músculos del cuerpo, incluidos algunos que hasta ese momento desconocía que existieran. El tiempo era incierto. Las nubes estaban creciendo rápidamente, pero ya solo nos quedaba subir los dos mil cuatrocientos treinta y nueve metros del collado y bajar hacia el Lluís Estasen por la otra vertiente. Anna miró el crono.

—Vamos bien, podemos hacerlo. El tiempo aguantará las dos horas que nos costará cruzar Gossolans, pero tenemos que salir ya.

Tenía razón, el cielo se oscurecía rápidamente, en parte por la puesta del sol y en parte por las negras nubes que crecían por momentos. No podíamos perder tiempo, así que empezamos a subir deprisa antes de que empeorara. En la subida me fui quedando rezagado. Aún no había salido la luna, con la única luz del frontal era difícil distinguir el sendero que remontaba por un pedregal y, si te salías del camino, las piedras se volvían inestables y temía caer. Perdí de vista a mis compañeros, me vi solo en medio de la inmensidad de la montaña rodeado de oscuridad. Pasé miedo, miedo de verdad. En momentos de pavor buscas ayuda donde sea. Me acordé de mi amigo de la Seo en Zaragoza, el de la cruz. Hacía muchos años que no hablaba con él, pero en ese momento, en la profundidad de mi alma, rogué para que no me hubiera olvidado. Mi mente racional discurría sobre la delgada línea que separa la vergüenza por pedir una ayuda sobrenatural en la que no confiaba y la duda que empezaba a hacer mella en mi sólida base científica: ¿y si existe de verdad? ¿Y si realmente puede ayudarme? La extenuación anuló totalmente mi racionalidad. Visualicé la imagen del Cristo y le recordé que los amigos están para los momentos difíciles: oye, seguro que tú alguna cosa puedes hacer. Nadie contestó.

Mis compañeros me esperaban en el paso de Gossolans y me tranquilicé un poco. Anna me abrazó.

—Venga, Xino, que ya vamos de bajada.

Anna tenía una manera positiva de ver la vida, todo le parecía fácil y contagiaba su entusiasmo.

El cambio de tiempo se nos echó encima de forma repentina. En diez minutos la temperatura cayó a dos o tres grados y se levantó un viento desgarrador acompañado de una espesa niebla que fue calando nuestra ropa. No se veía a más de diez metros. Perdimos el camino. A esa altura todo son piedras, la luz de los frontales nos deslumbraba al rebotar en la niebla y todo nos parecía igual, era imposible orientarse, estábamos inmersos en un océano blanco. Nadie hablaba. De pronto oímos una voz, encontramos a otro grupo de excursionistas que también se había perdido y casualmente dos de ellos eran conocidos nuestros de Corredors.cat. Decidimos desplegarnos los ocho en abanico, uno cada cinco metros, y batimos el terreno buscando una señal. Al cabo de diez minutos que se hicieron eternos oímos la voz aguda de Anna gritando de alegría, ¡aquí, aquí! Nos reagrupamos frente a una roca en la que se veía, iluminada por el frontal de Xeix, la típica pinta naranja que señala el recorrido de Cavalls del Vent. Desde allí el terreno descendía ligeramente y empezamos a trotar en fila india. Estábamos todos empapados y el fuerte viento nos hacía temblar de frío hasta el punto de que nos castañeteaban los dientes. Lo había visto en los dibujos animados, pero nunca había imaginado que fuera una reacción real. El ruido de mis dientes chocando unos contra otros me parecía fantasmal, como la imagen de aquel niño que se me apareció en la penumbra de la sala de un centro juvenil y que me hizo sentir un frío casi tan intenso como el que tenía ahora. Aunque llevaba ropa de abrigo en la mochila no me atreví a detenerme para sacarla por miedo a perder de vista al grupo. Estaba convencido de que no se hubieran detenido, en ese momento era casi un tema de supervivencia. A todos nos pasó por la cabeza que aquello podía acabar muy mal. La montaña no tiene piedad y la sensación de verte indefenso frente a los elementos, sabiendo que no puedes hacer absolutamente nada para controlarlos, es terrorífica. A los once años había vislumbrado la muerte, cercado por el fuego, y no dejaba de ser irónico que ahora me inundaran fugaces destellos de pánico cercado por el frío. Unos años más tarde una buena amiga mía murió de hipotermia en ese mismo lugar haciendo la misma travesía. Su muerte me hizo pensar mucho en aquella noche y reflexionar sobre si habíamos tomado una decisión imprudente. Pero eso fue años más tarde, en ese momento una única idea ocupaba toda nuestra mente: teníamos que salir de allí. Seguí corriendo con el corazón acelerado por el esfuerzo y por la ansiedad. La adrenalina hacía que no sintiera el dolor de mis piernas. Cuando cruzamos por una estrecha brecha la cresta

de la Serra Pedregosa y empezamos a descender por la cara sur
hacia el Collell, respiré aliviado. Al bajar de altura la temperatura
subió un poco y entramos en calor. Perdimos un par de veces el
camino, pero finalmente la niebla se disipó y pudimos ver, muy
abajo, la luz de los frontales de los dos amigos que se habían
retirado. Al ver los hilos de luz se me saltaron las lágrimas. Eran
como un faro para nosotros, teníamos que andar hacia allí. Jordi
y Eduard nos esperaban en la pista forestal. Al llegar abajo los
abracé conmovido. Nos quedaban unos seis kilómetros y menos
de noventa minutos si queríamos completar el recorrido por
debajo de las veinticuatro horas. Xeix estaba extenuado y sufría
alucinaciones, decía que veía osos cerca. Jordi y Eduard se quedaron con él y el resto empezamos a trotar pista abajo. No sé de
dónde saqué fuerzas para correr los últimos cinco kilómetros.

Poco antes de la medianoche llegué al Lluís Estasen. Lo habíamos logrado. Felicité a mis compañeros y me fundí en un
abrazo con Anna. Era una gesta para todos. Después de andar
sin descanso más de veintitrés horas y media por la montaña,
me desplomé en el banco de la entrada y lloré como un niño.
Era un llanto vital, de agotamiento y de alegría. Cargado de la
satisfacción inmensa de pensar: lo has logrado. Tú solo. Porque
la emoción que sientes al llegar, al darte cuenta de que lo has
conseguido, amplificada por el cansancio extremo, es tan intensa
que lo llena todo. Y es algo que no puedes comprar. Es en esos
momentos cuando te das cuenta de que las cosas que realmente
tienen valor no se compran con dinero. Para mí fue la demostración de hasta dónde se puede llegar cuando las personas que
te rodean creen en ti y, sobre todo, cuando tú crees en ti mismo.

Recordé un momento mágico en Peñas Altas, mientras con-
templábamos en silencio toda la sierra del Cadí extendida bajo
nuestros pies, escuchando solamente el susurro del viento. Con la

mirada perdida en el infinito, Josep dijo: somos los putos amos y, en ese momento, después de tantos años sintiéndome miserable, contagiado por la imponencia de la naturaleza que nos rodeaba, sentí que era el puto amo. Y allí en el refugio, sentado en un banco, con todos y cada uno de mis músculos agarrotados, llorando como nunca lo había hecho antes, grité para mis adentros: somos los putos amos.

Somos los putos amos.

22

UNA NUBE PINTADA EN LA CARA

Durante muchos años, con mi vida más o menos normalizada, me convencí de que había superado el trauma de mi accidente. ¡Iluso de mí! Tal vez podía haberme dado cuenta de mi error aquel invierno después de los Juegos Olímpicos de Barcelona, la noche en la que Nuria inclinó ligeramente la cabeza y me soltó a bocajarro, sin previo aviso:

—Mi papá tiene una nube pintada en la cara.

Sus palabras desencadenaron una explosión de emociones y me empujaron al abismo. Me hicieron rememorar mi infancia con una fuerza arrasadora. Volví a recordar los años de miedo. Un miedo oscuro, acuoso e inmundo. Primero al dolor físico; a las curas de las que salía con el cuerpo tembloroso; a las esperas en una sala oprimente bajo la mirada de un ciervo herido, como un reo en capilla, anticipando el dolor que vendría. Después a un dolor aún más hondo, sin cura: el de una adolescencia robada en la que no supe llorar lo suficiente. Rechazo; abandonos; soledad; el odio vacío, sin saber bien qué quería odiar y la lucha interior constante. El esfuerzo inmenso de construir día a día una costra oscura, húmeda de tristeza y de orgullo, que al secarse se volvía dura. Tan dura que protegía, pero que tampoco dejaba salir nada. Y al final la tarea paciente, agotadora, de hacer agujeros en ella para no ahogarme. La necesidad subconsciente de dejar salir algo para poder sentir que aún vivía. Sus palabras me habían enfrentado a la realidad: aún no había cerrado mi duelo.

La mirada inocente de Nuria dejó una huella profunda en mi alma. Me hizo reflexionar sobre el poder transformador del amor. Y también me recordó que el ogro seguía vivo, pero había tanta belleza en esa frase que su esplendor pareció borrar todas las sombras. No verbalicé mis sentimientos y el monstruo siguió durmiendo. Y con mis demonios dormidos de nuevo, seguí creyendo que, ahora ya sí, había superado el trauma.

Mucho tiempo después, en un curso de escritura, teníamos que redactar un texto que transmitiera emoción, hablar sobre algo que nos tocara el alma. Me acordé de la frase de Nuria y decidí escribir sobre ello. Redacté un relato en tercera persona, *Una nube*. Página y media. Fue una catarsis. Lloré mientras lo escribía. Lloré mientras lo corregía. Tenía que detenerme porque las lágrimas no me dejaban ver la pantalla. En clase, en una habitación blanca de un majestuoso piso del Eixample barcelonés, rodeado de compañeros que ya eran amigos, me decidí a dar el paso y presentar mi texto. Fui incapaz de leerlo. Tuvieron que hacerlo por mí. Al acabar la lectura nadie dijo nada. Vi algunos ojos brillantes. El silencio de unos ojos llorosos es en ocasiones el mejor aplauso. Fue entonces cuando me di cuenta de que me faltaba algo. Me faltaba el cierre. Me he preguntado muchas veces por qué cada vez que intentaba leer mi texto, tanto tiempo después del accidente, me sobrevenía un llanto desconsolado que intentaba contener anudando mi garganta tan fuertemente que me producía un dolor insufrible. Un dolor físico, real. La respuesta era evidente: no había superado el trauma. Había normalizado mi vida escondiéndolo, agazapado en una profunda y oscura cueva. A lo largo de los años había tenido indicios de que el monstruo seguía allí. Sabía que en algunas situaciones el miedo al rechazo me llenaba de ansiedad, pero lo achacaba a mi timidez. Aún me pregunto si alguna vez llegamos a superar realmente nuestros traumas o simplemente aprendemos a soportarlos.

Los ojos de Nuria, con el brillo feliz de su sonrisa infantil, transformando mi cicatriz en una nube, me emocionaron enormemente y por primera vez en mi vida fui consciente de la inmensa fuerza del cariño, y me llené tanto de ternura y de agradecimiento que casi no podía respirar. Pasaron más de veinte años hasta que fui capaz de plasmar en un texto todo lo que sentí aquella noche frente a un plato de sopa. Y, después de escribirlo, necesité cuatro años más para ser capaz de leerlo en voz alta. Cuando lo logré, pensé que había llegado el momento de continuar el relato que había empezado a los once años, aquellas cuartillas robadas de mi globo terráqueo en las que un niño intentaba plasmar su sufrimiento. Continuarlo para exorcizar mis demonios. Porque, aunque hubieran pasado muchos años, cuando te pones a mirar la herida fijamente, cuando aprietas con cuidado los bordes de la cicatriz, te das cuenta de que aún sangra. Tenía que escribirlo para cauterizar esa herida.

La culpable de este libro es Nuria. Porque Nuria, con su mirada de melocotón, con la certeza de quien sabe que no se equivoca porque mira con el corazón, en una sola frase había convertido todos esos demonios en poesía. Y supe que algún día podría terminar lo que aquel niño necesitaba explicar y no pudo.

Y podría creer, por fin, que es una nube lo que tengo pintado en la cara.

ÍNDICE

ESTA
PRIMERA EDICIÓN
DE *Ese día era martes,* DE
JAIME TOMÁS, HA SIDO IMPRESA
CON PAPEL AHUESADO, DE 80 GRA-
MOS. SE HA UTILIZADO LA TIPOGRAFÍA
GARAMOND PRO. Y SE TERMINÓ DE
IMPRIMIR EN LA IMPRENTA REPROGRÁ-
FICAS MALPE, EN GETAFE (MADRID),
EN EL MES DE SEPTIEMBRE DEL AÑO
2024.